中华优秀传统国学经典阅读

千字文

【南北朝】周兴嗣　王俊 编校

中国商业出版社

图书在版编目（CIP）数据

千字文 / 王俊编校 . -- 北京：中国商业出版社，2019.1

ISBN 978-7-5208-0585-8

Ⅰ . ①千… Ⅱ . ①王… Ⅲ . ①古汉语—启蒙读物 Ⅳ . ① H194.1

中国版本图书馆 CIP 数据核字（2018）第 213440 号

责任编辑：常 松

中国商业出版社出版发行
010-63180647　www.c-cbook.com
（100053　北京广安门内报国寺 1 号）
新华书店经销
三河市同力彩印有限公司印刷
*
710 毫米 ×1000 毫米　16 开　12 印张　150 千字
2019 年 1 月第 1 版　2019 年 1 月第 1 次印刷
定价：36.00 元
* * * *
（如有印装质量问题可更换）

前　言

泱泱中华五千载,悠悠国学民族魂。中华国学"为天地立心,为生民立命,为往圣继绝学,为万世开太平",是中华民族几千年来生生不息的根本,是华夏儿女的文化基因和精神支柱。

中华传统文化经过千百年历史冲刷洗礼和不断交流、融合以及沉淀,最终形成了求同存异、兼收并蓄、辉煌灿烂的特点,它也是世界上唯一绵延不绝而从没中断的古老文化,并始终充满了生机与活力。

国学就是中国之学,中华之学,是以母语汉语为基础,表达中华民族的精神价值和处世态度的,有利于凝聚中华民族的文化向心力,有利于中华民族大团结,是华夏儿女的生命火炬,我们要永远世代相传和不断发扬光大。

中华优秀传统文化在思想上有大智,在科学上有大真,在伦理上有大善,在艺术上有大美。在中华民族艰难而辉煌的发展历程中,优秀传统文化薪火相传、历久弥新,始终为国人提供精神支撑和心灵慰藉。所以,更多地从传统优秀国学经典中汲取丰富营养,不只能充实灵魂,而是能够拥有一种神圣而崇高的家国情怀。

中华传统国学是指以儒学为主体的中华传统文化与学术,内容非常广泛,内涵十分丰富,如蒙学十三经、四书五经等,作为国学中经典之经典,铸就了"国学蒙学之最、中华不可或缺之魂",凝聚了我国五千年的文明史和传统文化,体现了中华民族博大精深的文化精髓,是经过多少代人实践检验过的文化瑰宝,承载着中华民族伟大复兴的梦想。

中华传统国学中具有极高价值的经典与文章不胜枚举,且不说春秋战国时期的经传宝典,也不说《史记》《资治通鉴》,仅就唐诗宋词元曲就有许多脍炙人口的佳作，今天我们作为中华儿女对这些精品岂可淡化或视而不见？

中华传统国学经典，蕴含了中华儿女内圣外王的个体修养和自强不息的群体精神，形成了重义轻利的处世态度以及孝亲敬长的人伦约定，包含着辩证理智的心智思维和天人合一的整体观念。

这些国学经典千百年来作为我国传统文化与教育经典，在内容方面包含有治国、修身、道德、伦理、哲学、艺术、智慧、天文、地理、历史等丰富知识；在艺术方面丰富多彩，各有特色，行文流畅，气势磅礴，辞藻华丽，前后连贯。古往今来，无数有识之士从中汲取知识，不仅培养了良好的道德品质，还提升了儒雅、淳静、睿智的气质。

国学经典是广大读者必备的精神食粮。读者们阅读国学经典，能够秉承国学仁义精神，养成谦和待人、谨慎待己、勤学好问等优良品行，达到内外兼修与培养刚健人格的学习目的。读者们阅读国学经典，就如同师从贤哲，使自己能够站在先辈们的肩膀之上，在高起点上开始人生道路。阅读圣贤之书，与圣贤为伍，是精神获得高尚和超越的最高境界。

如今社会处于转型时期，充斥着各种各样所谓的现代文化，良莠不齐，纷繁芜杂，作为读者，应该慎重地从文化杂烩中精挑细选最好的、最纯的、最精的文化知识进行学习，以便促进身心的健康，那么国学经典就是最佳的选择。

当然，我们必须注意：传承古代经典，不是单纯背诵一些诗词，而是传承古老中华文明；不是只知其文不解其义，而是传承经典文化中的精神；不是对所有传统的东西都加以吸收，而是采取"扬弃"态度，取其精华去其糟粕；也不是排斥其他国家和民族的先进文化，要互相理解和尊重，要有兼容并包的情怀和清醒的头脑，做到互相学习和互相促进；更不是躺在灿烂传统文化的光环下固步自封，要积极开创未来的、先进的和科学的民族文化，要创造新的文化辉煌。

国学经典并非陈旧过时的东西，它能够适应任何时代的需要，且不同的时代都可以进行新的解读，都有时代的新意。广大读者要古为今用，活学活用，在新的时代推陈出新，进行新的解读，赋予新的内涵，不断发扬新的精神。

我们欣喜地看到，在党和政府的积极号召下，教育部印发了《完善中华优秀传统文化教育指导纲要》，各级教育机构启用了《中华优秀传统文化》教材，中小学语文新课标中也增加了青少年学生阅读和学习国学的分量，许多中小学开设了专门的国学课程，全国各族人民掀起了学习和传承中国传统文化的热潮。

为此，在有关专家指导下，我们特别精选编辑了这套"中华传统国学阅读经典"作品，根据广大读者特别是青少年读者学习吸收的特点，采取了版块化的篇章结构。文前部分主要包括作者简介、写作背景、作品概况、思想内容和艺术特点等内容，正文部分主要包括原文、注释、解读、感悟、赏析、故事等内容，文后部分主要包括名言妙语、读后感、知识互动大会等内容。同时还配有精美的插图，图文并茂，生动形象，非常易于阅读、理解和欣赏，能够培养广大读者的国学阅读兴趣，从而增强大家对中华优秀传统文化的热爱、传承和发展，最终积极投身到中华复兴的伟大梦想之中。

根据"部编教材"和广大读者特别是青少年读者学习吸收特点，采取版块化篇章结构，设置丰富专题栏目，解构阅读知识要点，无障碍直通阅读核心，重点感受丰富知识和独特艺术，领会和发扬深刻国学精神！

《千字文》全文诵读

导 读

作者简介
简单介绍作者生卒、生平事迹、代表作品和历史影响等。

题解＋背景
简单阐述书名来历、作者社会背景、创作动机、创作过程等。

作品概况
简单介绍作品结构形态、流传过程和历史价值等。

思想内容
简单分析作品思想内涵、社会价值和启迪作用等。

艺术特点
简单解析语言表达、篇章结构、人物形象等丰富艺术特色。

原文
参考众多权威版本，忠实于原著原文呈现。

注 释
介绍和评议生僻难懂语汇、内容、背景、引文等。

注 音
对多音字以及破音、通假、古音、外族语言等异读字词进行注音。

天地玄黄

天地玄黄❶，宇宙洪荒❷。
日月盈昃❸，辰宿列张❹。

注释

❶ 玄（xuán）黄：玄，黑色。玄黄，指天地的色彩。
❷ 宇宙洪荒：宇，上下四方。宙，古往今来。洪，大、辽阔。荒，荒芜。洪荒是指远古时代的混沌蒙昧状态。
❸ 盈昃（zè）：盈，月光圆满。昃，太阳西斜。
❹ 辰宿（chén xiù）列张：指日月星辰布满天空。

精美配图
根据内容配图，图文并茂，让知识变得生动形象，让阅读变得丰富有趣。

解读
原文进行译，使之通俗易，浅显易懂。

解读

苍天是黑色的，大地是黄色的；茫茫宇宙无边无际，无始无终。太阳升到中天就会降落，月亮达到最圆后也会缺损；星辰排列散布于空际。

诗句

远古时代天黑暗，大地浑黄尘埃漫；
古往今来无极限，上下四方不见边。
盘古开天万千年，生命开始现世间。
日出日落月圆缺，繁星闪闪布满天。

诗 句
用诗句形式诠释原文，使意思更加浅显明白，更易于阅读掌握。

故事链接

那是非常非常久远的时候，天和地还没有分开，宇宙就好像一个大鸡蛋一样，黑暗混沌成一团。

盘古就在这个大鸡蛋中孕育着、生长着，如同睡着了一样，还不时地发出"呼呼"的鼾声。一年、十年、一百年，转眼间一万八千年过去了。

有一天，盘古忽然睁开双眼，醒了过来。但令他奇怪的是，四周黑乎乎的一片，什么也看不见。黑暗不仅使他闷得发慌，又让他万分烦恼。最后，他实在忍不住了，就伸手向旁边一抓，竟抓到了一把大斧头。

……

故事链接
对篇章或段落进行故事配套链接，更益于理解原文。

```
          完美大结局
      ┌───────┼───────┐
   名言妙语   读后感   知识互动大会
```

名言妙语
推介作者、作品的名言格言和妙言妙语，让读者加深印象、获得美感或启迪等。

读后感
从中、小学生认识角度，剖析阅读作品后的所思所感、所作所为等，达到有所收获和感悟等。

知识互动大会
通过阅读作品和做"填空题""选择题"和"问答题"等题型的互动，达到读与学相互促进，增强阅读兴趣，提高阅读学习质量。

《千字文》全文诵读

tiān dì xuán huáng,　yǔ zhòu hóng huāng。　rì yuè yíng zè,　chén xiù liè zhāng。
天地玄黄，宇宙洪荒。日月盈昃，辰宿列张。

hán lái shǔ wǎng,　qiū shōu dōng cáng。　rùn yú chéng suì,　lǜ lǚ tiáo yáng。
寒来暑往，秋收冬藏。闰余成岁，律吕调阳。

yún téng zhì yǔ,　lù jié wèi shuāng。　jīn shēng lí shuǐ,　yù chū kūn gāng。
云腾致雨，露结为霜。金生丽水，玉出昆冈。

jiàn hào jù què,　zhū chēng yè guāng。　guǒ zhēn lǐ nài,　cài zhòng jiè jiāng。
剑号巨阙，珠称夜光。果珍李柰，菜重芥姜。

hǎi xián hé dàn,　lín qián yǔ xiáng。　lóng shī huǒ dì,　niǎo guān rén huáng。
海咸河淡，鳞潜羽翔。龙师火帝，鸟官人皇。

shǐ zhì wén zì,　nǎi fú yī cháng。　tuī wèi ràng guó,　yǒu yú táo táng。
始制文字，乃服衣裳。推位让国，有虞陶唐。

diào mín fá zuì,　zhōu fā yīn tāng。　zuò cháo wèn dào,　chuí gǒng píng zhāng。
吊民伐罪，周发殷汤。坐朝问道，垂拱平章。

ài yù lí shǒu,　chén fú róng qiāng。　xiá ěr yī tǐ,　shuài bīn guī wáng。
爱育黎首，臣伏戎羌。遐迩一体，率宾归王。

míng fèng zài zhú,　bái jū shí cháng。　huà pī cǎo mù,　lài jí wàn fāng。
鸣凤在竹，白驹食场。化被草木，赖及万方。

gài cǐ shēn fà,　sì dà wǔ cháng。　gōng wéi jū yǎng,　qǐ gǎn huǐ shāng。
盖此身发，四大五常。恭惟鞠养，岂敢毁伤。

女慕贞洁，男效才良。知过必改，得能莫忘。
罔谈彼短，靡恃己长。信使可覆，器欲难量。
墨悲丝染，诗赞羔羊。景行维贤，克念作圣。
德建名立，形端表正。空谷传声，虚堂习听。
祸因恶积，福缘善庆。尺璧非宝，寸阴是竞。
资父事君，曰严与敬。孝当竭力，忠则尽命。
临深履薄，夙兴温凊。似兰斯馨，如松之盛。
川流不息，渊澄取映。容止若思，言辞安定。
笃初诚美，慎终宜令。荣业所基，籍甚无竟。
学优登仕，摄职从政。存以甘棠，去而益咏。
乐殊贵贱，礼别尊卑。上和下睦，夫唱妇随。
外受傅训，入奉母仪。诸姑伯叔，犹子比儿。

孔怀兄弟，同气连枝。交友投分，切磨箴规。

仁慈隐恻，造次弗离。节义廉退，颠沛匪亏。

性静情逸，心动神疲。守真志满，逐物意移。

坚持雅操，好爵自縻。都邑华夏，东西二京。

背邙面洛，浮渭据泾。宫殿盘郁，楼观飞惊。

图写禽兽，画彩仙灵。丙舍旁启，甲帐对楹。

肆筵设席，鼓瑟吹笙。升阶纳陛，弁转疑星。

右通广内，左达承明。既集坟典，亦聚群英。

杜稿钟隶，漆书壁经。府罗将相，路侠槐卿。

户封八县，家给千兵。高冠陪辇，驱毂振缨。

世禄侈富，车驾肥轻。策功茂实，勒碑刻铭。

磻溪伊尹，佐时阿衡。奄宅曲阜，微旦孰营。

桓公匡合，济弱扶倾。绮回汉惠，说感武丁。
俊乂密勿，多士寔宁。晋楚更霸，赵魏困横。
假途灭虢，践土会盟。何遵约法，韩弊烦刑。
起翦颇牧，用军最精。宣威沙漠，驰誉丹青。
九州禹迹，百郡秦并。岳宗泰岱，禅主云亭。
雁门紫塞，鸡田赤城。昆池碣石，钜野洞庭。
旷远绵邈，岩岫杳冥。治本于农，务兹稼穑。
俶载南亩，我艺黍稷。税熟贡新，劝赏黜陟。
孟轲敦素，史鱼秉直。庶几中庸，劳谦谨敕。
聆音察理，鉴貌辨色。贻厥嘉猷，勉其祗植。
省躬讥诫，宠增抗极。殆辱近耻，林皋幸即。
两疏见机，解组谁逼。索居闲处，沉默寂寥。

求古寻论，散虑逍遥。欣奏累遣，戚谢欢招。
渠荷的历，园莽抽条。枇杷晚翠，梧桐蚤凋。
陈根委翳，落叶飘摇。游鹍独运，凌摩绛霄。
耽读玩市，寓目囊箱。易輶攸畏，属耳垣墙。
具膳餐饭，适口充肠。饱饫烹宰，饥厌糟糠。
亲戚故旧，老少异粮。妾御绩纺，侍巾帷房。
纨扇圆絜，银烛炜煌。昼眠夕寐，蓝笋象床。
弦歌酒宴，接杯举觞。矫手顿足，悦豫且康。
嫡后嗣续，祭祀烝尝。稽颡再拜，悚惧恐惶。
笺牒简要，顾答审详。骸垢想浴，执热愿凉。
驴骡犊特，骇跃超骧。诛斩贼盗，捕获叛亡。
布射僚丸，嵇琴阮啸。恬笔伦纸，钧巧任钓。

释纷利俗，并皆佳妙。毛施淑姿，工颦妍笑。

年矢每催，曦晖朗曜。璇玑悬斡，晦魄环照。

指薪修祜，永绥吉劭。矩步引领，俯仰廊庙。

束带矜庄，徘徊瞻眺。孤陋寡闻，愚蒙等诮。

谓语助者，焉哉乎也。

作者简介

　　周兴嗣（469—537年）字思纂，祖籍陈郡项，生于安徽当涂姑孰，南朝著名大臣、史学家。南朝梁武帝继位时，拜他为散骑侍郎。他撰有《皇帝实录》《皇德记》《起居注》《职仪》等专著百余卷，有文集十卷传世。但是，流传最广、最久远的则是《千字文》。

　　周兴嗣十三岁开始到南齐的京师建康游学，十几年后，精通了各种纪事文章的写法。他经常奉诏撰写实录、皇德记、起居注和职仪等各种文书，受到皇帝的赞赏。

　　天监元年，萧衍代齐建梁。周兴嗣上奏《休平赋》，文章非常优美，受到萧衍重视，聘用他任侍郎之类官职，在梁都华林园当值。其年，河南献来一匹会随着音乐跳舞的马，当时称为傞马，萧衍命周兴嗣与待诏张率等人作赋歌颂。赋写成后，萧衍评定周兴嗣的最好，升任周兴嗣为员外散骑侍郎。

　　自此以后，著名的《铜表铭》《栅塘碣》《北伐檄》以及《次韵王羲之书千字》等，梁武帝都让周兴嗣一人去完成。每成一篇，都会受到梁武帝的称赞和财物赏赐。

　　周兴嗣的双手常年患有风疽，即湿疹病，升任给事中官职后，又染上了疠疾，这是一种不好医治的流行疫病，结果使他左眼失明。但是，他仍然坚持著述。梁武帝大同三年七月十五日，周兴嗣病故。

题解+背景

　　梁武帝起初为了培养诸王子的书法，便让大臣殷铁石从东晋著名书法家王羲之作品中拓出了一千个不同的字，然后把这些无次序的拓片交给周兴嗣，让他编成有内容的韵文。

　　周兴嗣充分发挥所有知识，将杂乱无序的一千个字一遍遍地排列组合，推敲斟酌。最后，他采用四言韵语、八字一句、分一百二十五段完成，且没有重字重义。当他将文章呈给梁武帝时，梁武帝看了非常高兴，于是就取名叫《千字文》，从此就流传开来，成为了传统的蒙学经典读物。

　　其实，中国很早就出现了专门用于启蒙的识字课本，但是由于流传中出现了种种问题，其权威性到南北朝时已大不如前，而在这一时期出现的一些启蒙读物可读性也十分有限。

　　周兴嗣因出色地编撰了《千字文》，深得梁武帝赞赏，将他提拔为佐撰国史。不过，据说周兴嗣因一夜成书，用脑过度，次日已鬓发皆白。

作品概况

作品第一部分从天地开辟讲起。有了天地，就有了日月、星辰、云雨、霜雾和四时寒暑的变化，也就有了孕生于大地的金玉、铁器、珍宝、果品、菜蔬，以及江河湖海、飞鸟游鱼等，于是天地之间就出现了人和时代的变迁。

作品第二部分重在讲述人的修养标准和原则，也就是修身工夫。指出人要孝亲，珍惜父母传给的身体，做人要知过必改，讲信用，保持纯真本色，树立良好的形象和信誉。接着对忠、孝和人的言谈举止、交友、保真等方面进行了深入阐述。

作品第三部分讲述与政治有关的各方面问题。首言京城形胜，极力描绘都邑的壮丽，京城之中汇集的丰富典籍和大批英才，重在叙述上层社会的豪华生活和他们的文治武功。

作品第四部分主要描述恬淡的田园生活，赞美了那些甘于寂寞、不为名利羁绊的人们，对民间温馨的人情向往之至。

《千字文》可以说是千余年来影响最广泛的读物之一。明清以后，《三字经》《百家姓》《千字文》是几乎人人习读的所谓"三百千"。过去有打油诗讲私塾中"学童三五并排坐，天地玄黄喊一年"，正是对它的真实写照。

汉代以后，历代王朝秉承"罢黜百家，独尊儒术"的治国方略，所以，亟待以"仁义礼智信"等儒家思想教育后代，《千字文》的内容正好适合了这一需要，因此流传非常广泛。

思想内容

　　周兴嗣才华横溢,见闻广博,他选择的内容从远古的混沌初开、日月运行、四季循环开始,叙述江河鱼鸟等自然界生物及景观。从伏羲氏、神农氏的龙师火官、天地人三皇,到仓颉造字,嫘祖制衣,囊括了天地、历史、人事、修身、读书、饮食、居住、农艺、园林以及祭祀等各种社会文化知识。特别是介绍伦理道德以及儒家思想,既有对治世的渴望,还有对人情的向往,流露出了对人生、世界以及宇宙的思考。

　　人在不同的环境中生活,就会形成不一样的人生观、世界观、价值观。因此,在人的成长过程中,必须注重生活和学习环境。在作品中,周兴嗣格外关注德育的环境。作品中"墨悲丝染"的典故出自《墨子》,他将染丝的道理推而广之,想到人也会受到周围环境和人的影响。

　　实际上,墨子是以染丝来比喻人的道德会因环境变化而发生变化,强调客观环境在道德教育中的巨大作用,尤其是在青少年儿童的教育中,这种观点正好说明了问题的关键。

　　对于儿童的教育,识字是一个非常重要的基础过程。如果儿童认字不够多,以后学习势必受到文字的限制,出现错别字,不了解内容的意义,就会影响阅读能力的发展。

　　《千字文》长期被用作启蒙读物,就是为了让广大儿童在短期内易于掌握、方便快捷地集中识字。青少年儿童的思想道德教育随着社会环境的变化出现了越来越严峻的挑战,所以,《千字文》中强调的德育环境的观点在当今仍具有重要的指导意义。

艺术特点

　　《千字文》全书共二百五十句，每四字一句，四句一组，两组一韵，前后贯通，互不重复。其内容涉及天文、地理、历史、农工、园艺、饮食起居、修身养性及封建纲常礼教等各个方面。

　　作品包罗万象，涵盖面广，其最大优点在于融知识性、可读性和教化性为一炉，诵读一遍即感到文采斐然，合辙押韵，琅琅上口，易诵易记，不仅是一本集识字、书法和思想内容为一体的启蒙读物，而且在中国社会乃至世界教育史上也是问世最早、流传最久、影响最大的蒙学教材。

　　《千字文》艺术特点还在于易于背诵，不仅各地蒙馆塾师用作儿童启蒙课本，还为社会上诸多行业所采用，如考场试卷编号，商人账册编号，大部头书籍编号之类都以《千字文》字序为序号。

　　在历史上，《千字文》产生了强烈的艺术感染力，以其独特的艺术魅力影响了整个中华文化圈。它不仅作为中国汉民族的识字课本，还是其他民族的蒙学教材，并流传到周边其他国家，从而成为世界上最早的汉语识字读物之一。

　　《千字文》另一特点是深刻反映了儒家思想。中国古代封建社会时期等级比较森严，所以上层社会十分重视对儿童进行道德教育，特别是汉代以来儒家思想渗入了政治制度，所以蒙学教材免不了由儒家思想决定内容的范围，这就成了《千字文》艺术创作的源泉。

目 录

天地玄黄 …………… 1	祸因恶积 …………… 44
寒来暑往 …………… 4	尺璧非宝 …………… 46
云腾致雨 …………… 6	资父事君 …………… 48
剑号巨阙 …………… 8	孝当竭力 …………… 50
果珍李柰 …………… 10	似兰斯馨 …………… 52
海咸河淡 …………… 12	容止若思 …………… 54
龙师火帝 …………… 14	笃初诚美 …………… 56
始制文字 …………… 16	学优登仕 …………… 58
推位让国 …………… 18	乐殊贵贱 …………… 60
吊民伐罪 …………… 20	上和下睦 …………… 62
坐朝问道 …………… 22	诸姑伯叔 …………… 64
爱育黎首 …………… 24	交友投分 …………… 66
鸣凤在竹 …………… 26	节义廉退 …………… 68
盖此身发 …………… 28	守真志满 …………… 70
女慕贞洁 …………… 30	都邑华夏 …………… 72
罔谈彼短 …………… 32	宫殿盘郁 …………… 74
信使可覆 …………… 34	丙舍旁启 …………… 76
墨悲丝染 …………… 36	升阶纳陛 …………… 78
景行维贤 …………… 38	既集坟典 …………… 80
德建名立 …………… 40	府罗将相 …………… 82
空谷传声 …………… 42	高冠陪辇 …………… 84

策功茂实	86	陈根委翳	124
磻溪伊尹	88	耽读玩市	126
桓公匡合	90	易輶攸畏	128
绮回汉惠	92	具膳餐饭	130
晋楚更霸	94	亲戚故旧	132
假途灭虢	96	纨扇圆絜	134
何遵约法	98	昼眠夕寐	136
起翦颇牧	100	弦歌酒宴	138
九州禹迹	102	嫡后嗣续	140
雁门紫塞	104	笺牒简要	142
旷远绵邈	106	驴骡犊特	144
治本于农	108	布射僚丸	146
税熟贡新	110	恬笔伦纸	148
孟轲敦素	112	毛施淑姿	150
聆音察理	114	年矢每催	152
省躬讥诫	116	璇玑悬斡	154
两疏见机	118	指薪修祜	156
求古寻论	120	矩步引领	158
渠荷的历	122	孤陋寡闻	160

天地玄黄

天地玄黄❶，宇宙洪荒❷。
日月盈昃❸，辰宿列张❹。

注释

❶ 玄（xuán）黄：玄，黑色。玄黄，指天地的色彩。
❷ 宇宙洪荒：宇，上下四方。宙，古往今来。洪，大、辽阔。荒，荒芜。洪荒是指远古时代的混沌蒙昧状态。
❸ 盈昃（zè）：盈，月光圆满。昃，太阳西斜。
❹ 辰宿（chén xiù）列张：指日月星辰布满天空。

解读

苍天是黑色的，大地是黄色的；茫茫宇宙无边无际，无始无终。太阳升到中天就会降落，月亮达到最圆后也会缺损；星辰排列散布于空际。

诗句

远古时代天黑暗，大地浑黄尘埃漫；
古往今来无极限，上下四方不见边。
盘古开天万千年，生命开始现世间。
日出日落月圆缺，繁星闪闪布满天。

千字文

故事链接

那是非常非常久远的时候，天和地还没有分开，宇宙就好像一个大鸡蛋一样，黑暗混沌成一团。

盘古就在这个大鸡蛋中孕育着、生长着，如同睡着了一样，还不时地发出"呼呼"的鼾声。一年、十年、一百年，转眼间一万八千年过去了。

有一天，盘古忽然睁开双眼，醒了过来。但令他奇怪的是，四周黑乎乎的一片，什么也看不见。黑暗不仅使他闷得发慌，又让他万分烦恼。最后，他实在忍不住了，就伸手向旁边一抓，竟抓到了一把大斧头。

于是，盘古拼尽全身的力气，狠狠地向前劈去，随着山崩地裂般一声巨响，那个曾紧紧地包着他、孕育了他的混沌的大鸡蛋被他劈裂了。这个大鸡蛋中那些轻而清的东西，缓缓地向上升去，慢慢地就变成了天。那些重而浊的东西，渐渐地沉下来，一点点地就变成了地。于是，当初混沌不分的天地，就这样被盘古用大斧子给开辟出来了。

天和地被分开以后，盘古怕它们会再合拢起来，就用头顶着天，脚踩着地，伸直了腰杆站在了天地之间，随着天地的变化而变化着。每天，天升高一丈，地加厚一丈，而盘古的身子也随之增长。

就这样，一万八千年又过去了。天升得高极了，地也变得厚极了，盘古的身体也长得极为高大。那么盘古到底长了多高呢？据说有九万里那么长。盘古成了巍峨的巨人。他就像一根长长的大柱子，撑在天和地的中间，不让它们再重新合拢在一起，回到那混沌黑暗中去。

又不知多少年过去了，盘古就是那样在孤独寂寞中做着这支撑天地的辛苦工作。到后来，天和地已经被固定住了，但盘古也到了筋疲力尽的时候了。终于有一天，他"轰"的一声，倒在地上死去了。

盘古临死的时候，浑身发生了极大的变化：他口中呼出的一团团的气,变成了天上吹着的风和飘着的云;他发出的最后一个声音,变成了滚过天空的隆隆雷声;他的左眼睛变成了光芒万丈的太阳,右眼变成了皎洁明亮的月亮。

他的手足和身躯变成了大地的四极和五方的名山;他的血液变成了江河;他的筋脉变成了大道;他的肌肉变成了田地;他的头发和胡须变成了天上的星星;他的皮肤和汗毛变成了花草树木;他的牙齿、骨头、骨髓则变成了蕴藏在大地下的闪光的金属、坚硬的石头、美丽的珍珠和晶莹的玉石。就连他身上的汗水也变了,变成了无尽的雨露和甘霖。

盘古开天辟地以后,直到他最终死去,也没有忘记把自己的每一个部分都留给他开创出的天和地。所以,后人称赞盘古是"垂死化身"。盘古用自己的身体,使这个新诞生的世界变得更加丰富和美丽。

寒来暑往

寒来暑往[1]**，秋收冬藏。**
闰余成岁[2]**，律吕调阳**[3]**。**

注释

[1] 寒来暑往：一年四季寒热交替。

[2] 闰（rùn）余成岁：地球公转一周，比农历一年要多出10多天，每数年积所余之时日为闰余，而称闰月。

[3] 律吕调阳：古代校正音律的器物，由十二根竹管做成。其中六种阳调叫律，六种阴调叫吕。调，调节。阳，指阴阳。

解读

寒暑循环变换，来了又去，去了又来；秋季里忙着收割，冬天里忙着储藏。积累数年的闰余并成一个月，放在闰年里；律吕是古代校正音律的器物，古人为了调节阴阳，专门对照不同的月份，制定了律吕。

诗句

寒暑循环来又去，秋季忙收冬天闲。
积累数载闰余日，并成一月在闰年；
律吕原是古仪器，调节阴阳历法全。

故事链接

传说黄帝的时候,有一位乐师叫伶伦,他根据凤凰鸣叫的两个六声,经过长时间的揣摩、推敲,终于创制出音乐上的十二音律,受到了黄帝的赞扬。在此之后,伶伦又把各种飞禽走兽的叫声都一一记录下来,不断丰富他所创制的音律。

比如用擂鼓可以表现马奔跑的蹄声,用口哨可以表现各种鸟啼声。伶伦用昆仑山的竹子制成十二根竹管,十二根竹管与十二个月份相对应,奇数的六根称"律",偶数的六根称"吕",奇数表示阳,偶数表示阴。

这些并排的竹管,一端整齐,一端参差错落,竹管中储存用芦苇烧成的灰。将这些竹管埋入空屋的地下,不齐的一端在下,齐的一端在地面。

当气象变化到阳气回升时,第一根管子中有气冲出,芦灰飞动,吹起了黄钟的宫音。于是音乐与古来的历法、气象有了关系。有人说,现代音乐上用的简谱符号即音乐简谱上用的1234567,最早还是起源于中华民族,也可能源于伶伦制定的音律,不过那时的音符不这样写罢了。

云腾致雨

云腾致雨[1]，露结为霜[2]。
金生丽水[3]，玉出昆冈[4]。

注释

[1] 云腾致雨：水气升腾为云，下而为雨。腾，升。致，招致。
[2] 露结为霜：阴气结为露，露凝为霜。结，凝的意思。
[3] 丽水：即云南境内丽江，又名金沙江，出产黄金。
[4] 昆冈：即昆仑山，这里相传是美玉出产地。《尔雅》云："西北之美者，有昆仑墟之璆、琳、琅玕焉。"

解读

云气升到天空，遇冷就形成雨；露水碰上寒夜，很快凝结为霜。金子生于金沙江底，玉石出自昆仑山冈。地生万物，最宝贵的莫过于金玉，而我国盛产金玉的地方就是在丽水和昆冈。

诗句

水气升腾成云烟，遇冷化雨水连连。
露珠寒夜身已变，凝结为霜草奄奄。
金沙江底生黄金，美玉无瑕出昆仑。

故事链接

春秋时期,楚国人卞和在荆山上发现了一块奇特的石头,凭着几十年的经验,卞和认定这石头里蕴藏了一块非常珍贵的白玉,如果请能工巧匠打开后取出来,加以精心雕琢,肯定是件"国宝"。

卞和想,这样的稀世之宝只有献给国王才是上策,于是便带着这块玉璞前往国都。楚厉王让加工玉石的匠人鉴别,匠人不识货,将其误认为是石头,于是卞和以欺君之罪被砍去了左脚。厉王死后,武王继位,卞和又献玉璞,但鉴别的结果仍说是石头,卞和又被砍去了右脚。

后来楚文王继位,卞和抱着玉璞在荆山下哭了三天三夜,眼泪都流干了,眼睛里哭出了血。文王派人问他为何哭得这样悲痛,卞和说:"我所伤心的并不是被砍去了双脚,而是这个世道是非不分、黑白颠倒。这明明是块宝玉,却被认为是石头。我本来是一心为国的忠贞之士,却被认为是欺君罔上的无知狂徒——这是最使我伤心的啊!"文王让匠人剖开玉璞,果然得到一块上等的美玉,为了表彰卞和献玉的功绩,就将这块美玉命名为"和氏之璧"。

从此,和氏璧成为稀世之宝。后来到了战国时期,和氏璧被赵惠文王得到了,秦昭王听说后非常羡慕和嫉妒,派人给赵惠文王送去一封信,信上说愿意以十五座城池交换和氏璧。后来,人们便用"价值连城"形容十分珍贵的东西。

剑号巨阙

剑号巨阙[1]，**珠称夜光**[2]。

注释

[1] 巨阙：越王允常命欧冶子铸造的五把宝剑名之一，另外四把剑的名字分别是纯钩、湛卢、胜邪、鱼肠，全都锋利无比。

[2] 夜光：珍珠，夜间放射出的光辉能照亮整个屋子的宝珠。

解读

世上最有名的宝剑叫"巨阙"，最贵重的明珠叫"夜光"。春秋时期，越王允常命令著名工匠欧冶子铸造五把宝剑，其中最锋利的就是巨阙。夜光是明珠的名字，隋侯看到一条大蛇受了伤．就去救了它。后来，大蛇衔来一颗明珠送给隋侯作为报答，这颗明珠就是夜明珠。

诗句

稀世宝剑叫巨阙，夜光明珠摄魄魂。

故事链接

一次，隋国的国君隋侯出游，发现一条受了重伤的大蛇横躺在路中央，痛苦地挣扎着。他叫随从把蛇抱回家，亲自为蛇清洗伤口，敷上草药包扎好，还不允许旁人打扰，生怕惊动了正在疗伤的蛇。由于隋侯的精心照料，蛇的伤口慢慢愈合，恢复了健康。

几个月过去了，蛇恋恋不舍地离开了恩人，回到了大森林里。在一个漆黑的夜晚，蛇衔来了一颗珍珠，放在恩人的堂外，顿时，整个殿堂亮得如同白昼。隋侯被惊醒后，发现了这颗熠熠生辉的宝珠，很是奇怪。

他环顾四周，只见窗口露出一条大蛇的脑袋，正注视着他，说："我是龙王的儿子，感谢您的救命之恩。"隋侯恍然大悟，原来这颗宝珠是大蛇馈赠的礼物。这颗宝珠名叫"夜光珠"或"明月珠"。人们为了纪念隋侯爱护生灵的美德，也叫它"隋侯珠"。

《淮南子》上有"蛤蟹含珠，与月盛衰"的故事。传说"蛤蚌育珠"，要在月圆之夜，皓月高悬，海面上风平浪静时，蛤蚌的贝壳打开，对着月亮，开合收放，吸收月华之光，那颗珠子慢慢地越养越大，就会变成夜光珠。

果珍李柰

果珍李柰[1]，菜重芥姜[2]。

注释

[1] 柰（nài）：果名，落叶小乔木，花白色，果小。
[2] 芥姜：芥，草本植物，种子黄色，味辛辣，磨成粉末，称"芥末"，作调味品。姜，菜名，多年生宿根草本，根茎肉质，肥厚，扁平，有芳香和辛辣味，且有药效。芥、姜均是调味品。

解读

果子中最珍贵的是李和柰，蔬菜中最看重的是芥和姜。这两句中说，草木花果中重要的、常见的只有李、柰、芥、姜四种，当然只是行文的限制，因为虽然古代的蔬果远没有今天丰富，但也绝对不止这几种。

诗句

果实堆里有珍品，李柰鲜美味最纯。
蔬菜群中贵贱分，芥菜生姜益全身。

故事链接

人们现在能够品尝各式各样的水果、菜蔬，据说应该感谢神农氏。神农氏，别名五谷帝仙，是传说中的农业和医药的发明者，神农氏发明了农耕技术而号神农氏，因以火德王，又称炎帝，然而关于神农氏是否就是炎帝这个问题，一直存在争议。

远古的时候，人们没啥吃的，靠捋草籽、采野果、猎鸟兽来维持生活。有时吃了不该吃的东西，中了毒就会被毒死。人们得了病，不知道对症下药，都是硬挺，挺过去就好了，挺不过去就死了。

神农帝为这事很犯愁，决心尝百草，定药性，为大家消灾祛病。神农上深山，钻老林，采摘各种草根、树皮、种子、果实；捕捉各种飞禽走兽、鱼鳖虾虫；挖掘各种石头矿物，一样一样地亲口尝。

因此，后人根据神农尝百草的传说，将现存最早的中药著作命名为《神农本草经》。后来，为了纪念神农创中医、尝百草，人们修建有神农坛、神农庙。

海咸河淡

海咸河淡，鳞潜羽翔[1]。

注释

[1] 鳞潜羽翔：鳞，指鱼类。潜，隐于水底。羽，指鸟类。鳞潜羽翔的意思是鱼游于水，鸟飞于天。

解读

海水的味道是咸的，河水的味道是淡的；有鳞片的鱼儿在水中尽情地潜游，长着羽毛的鸟儿在空中自由地飞翔。

诗句

海水苦咸难下咽，河水清淡甜人心。
鱼儿游动在水中，鸟儿飞翔天无垠。

故事链接

相传，炎帝有一个可爱的女儿，名叫女娃。炎帝非常宠爱他的女儿。有一天，女娃驾着一只小船到东海去游玩，没想到海面上突然起了风浪，像山一样的海浪立刻就把小船打翻了，女娃被山一样的海浪淹没在海里，永远也回不来了。

炎帝虽然痛惜他的女儿，但却无法使女娃死而复生，只好独自悲伤流泪。女娃不甘心死去，就变成了一只小鸟，名叫"精卫"。精卫鸟长着花脑袋、白嘴壳、红脚爪，形状有点像乌鸦，住在北方的发鸠山上。

女娃痛恨无情的大海夺去了自己年轻的生命，因此她常常从发鸠山衔上一粒小石子，或是一段小树枝，展翅高飞，一直飞到东海。她在波涛汹涌的海面上飞翔着，把石子或树枝投下去，想着有朝一日能把大海填平。

大海奔腾着，咆哮着，露出雪亮的牙齿，凶恶地嘲笑她："小鸟儿，算了吧！你这工作就算能干上一百万年，也休想把我填平！"

精卫在高空答复大海："哪怕是干上一千万年、一万万年，干到宇宙的终点，世界的末日，我也要把你填平，你就等着瞧吧！"

"你为什么恨我这样深呢？"

"因为你夺去我年轻的生命，将来还会有很多年轻无辜的生命会被你无情地夺去。"

"傻鸟儿，那么你就填吧！你永远都填不满的！"大海哈哈大笑着说。精卫在高空中悲伤地叫着："我要填！我要填！我要永无休止地填下去！你这叫人愤恨的大海啊！总有一天我会把你填成平地的！"

精卫飞翔着，高叫着，离开了大海，又飞回发鸠山上，衔着石子和树枝投进大海。它往返飞翔，从不休息，直至今天，她还在做着这项工作。

就这样，精卫填海的故事被永远地流传了下来，人们常用这个故事激励自己不断上进。

龙师火帝

龙师[1]火帝[2],鸟官人皇[3]。

注释

[1] 龙师:相传伏羲氏用龙给百官命名,因此叫他"龙师"。

[2] 火帝:炎帝,因以火德而王,相传以火给百官命名。因为他做耒耜,教人耕种,又号神农氏。

[3] 鸟官人皇:鸟官,少昊氏用鸟给百官命名,因此叫他"鸟官"。人皇,指传说中的天皇、地皇、人皇"三皇"。这里只说"人皇",不言"天皇、地皇",是为文字对仗的需要。

解读

用龙给百官命名的伏羲氏、以火给百官命名的炎帝、用鸟给百官命名的少昊氏,还有传说中的天皇、地皇、人皇,都是上古时代的帝王。

诗句

伏羲结网捕鱼鸟,人们不再饿肚肠。
天庭取火传人间,生活改善体安康。
炎帝辛勤教人耕,神农尝草医病伤。
少昊人皇亦贤能,万古流芳美名扬。

故事链接

传说有一天，皇娥沿着银河溯流而上，驶往银河源、西海边的穷桑。穷桑是一棵八百丈高的大桑树，它一万年结一次果，结出的桑葚色泽鲜紫，香气清远，吃了可以与天地同寿。

穷桑下、银河畔，一位容貌超尘绝俗的少年在徘徊，少年是黄帝的同胞兄弟西方白帝的儿子金星，就是那颗每天凌晨在东方天穹闪闪发光的启明星。少年与皇娥一见钟情。一年以后，少昊诞生了。

少昊又称穷桑氏、金天氏，名字叫挚，本相是一只金雕。他起初在东海外几万里远的海岛上建立了一个鸟的王国，文武百官全是各种各样的飞禽。

少昊在鸟国为王时，他的侄儿，黄帝的曾孙帝颛顼曾来探访。少昊很喜欢这个侄儿，为了培养他的执政能力，特意让他协助治理政务。还亲自制作琴瑟，教他弹唱。

帝颛顼长大，回到自己的封邑去了。少昊睹物伤情，把琴瑟抛到海底的深沟里。听长年航海的水手说，风清月朗、碧海无波的静夜，从大海深处偶尔会传出阵阵悠扬悦耳的琴声，那是少昊的琴瑟在鸣唱呢。

黄帝封少昊为西方金德之帝，少昊告别他的百鸟，留下人面鸟身的大儿子木神句芒做东方木德之帝伏羲的属神，自己带着人脸虎爪、遍体白毛、手持大斧、身乘双龙的小儿子金神蓐收回归故乡。

少昊住在长留山，蓐收住在泑山。父子俩在每天傍晚观察西落的太阳反射到东边的光辉是否正常。红日西沉，浑圆壮阔，霞光满天，因此少昊又叫员神，蓐收又叫红光。他们的名字，构成了一幅庄严而凄美的落日图景。

| 千字文

始制文字

始制文字[1]，乃服衣裳[2]。

注释

[1] 始制文字：传说上古结绳记事，黄帝大臣仓颉创造了文字。
[2] 乃服衣裳：传说黄帝族刚兴起的时候，就发明了衣和裳。

解读

有了仓颉等人的发明创造，人类才有了文字；有了嫘祖等人的努力，赤身裸体的古人类才穿起了遮身盖体的衣裳。

诗句

仓颉造字功盖世，文明星火放光芒。
嫘祖养蚕取银丝，树叶草裙换衣裳。

故事链接

相传远古时候，有一位美丽、善良的姑娘，出生在西陵，即今四川省盐亭县嫘村山。姑娘长大后，每天都要外出采集野果来奉养体弱多病的二老。她不怕苦、不怕累，近处的野果采集完了，便跋山涉水到远处去采集，每天很晚才回家。

一天，姑娘在采集桑果时，发现树上吃桑叶的一种白白胖胖的虫子不断地吐着丝，做茧子，这种茧子在阳光下产生的七彩反光非常美丽。出于好奇，姑娘采一粒放在嘴里，用手把丝拉出来，这丝很有韧性。

她索性把这种虫子的丝，编成一块块小绸子，连成一大块给父母披在身上。父母穿了感觉热天凉爽、冬天温暖，非常舒服。于是姑娘把这种虫子取名为蚕，捉回家喂养。经过长期的经验积累，姑娘完全掌握了蚕的生长规律和缫丝织绸技艺，并将这些毫无保留地教给当地的人们。从此人们结束了"衣其羽毛"的原始衣着，进入了锦衣绣服的文明社会。

姑娘发明养蚕缫丝织绸的消息很快传遍西陵部落，西陵王非常高兴，收姑娘为女儿，赐名"嫘祖"。嫘祖这一惊天动地的创举很快传遍了神州大地，各部落的首领纷纷到西陵向她求婚，都遭到嫘祖的婉拒。

这时，英俊非凡的中原部落首领黄帝轩辕，征战来到西陵，两人一见倾心，很快嫘祖被选作黄帝的元妃。嫘祖辅助黄帝完成了统一华夏的大业。同时，她还奏请黄帝诏令天下，把栽桑养蚕织锦的技术推广到全国。嫘祖死后黄帝把她葬于嫘村山，后世尊称其为"先蚕娘娘"。

/ 千字文

推位让国

推位让国[1]，有虞陶唐[2]。

注释

[1] 推位让国：传说尧舜时帝位的继承实行选贤举能的禅让制。
[2] 有虞（yú）陶唐：有虞指舜。陶唐指尧，又称唐尧。

解读

唐尧当了七十年君主，当他年老时主动把君位让给了舜；虞舜当了五十年君主，又把君位让给了禹。他们都是英明无私，胸怀天下的明君。

诗句

国君之位不力争，尧舜禅让世人敬。

故事链接

舜即帝位后，广泛征求四岳等大臣的意见，惩罚奸佞，举贤任能。其中著名的，要数启用禹了。当时，舜帝已六十一岁了，很想找一个品德高尚、聪明仁爱的继承人。

这时，曾经向尧举荐过舜的四岳回答说："臣以为禹可用。"舜想了想说："就是那个治水无功被我杀死的鲧的儿子吗？"

"正是。"四岳说，"大王切不可以根据父亲来评价儿子呀，禹的确是个不可多得的人才啊！"

舜笑道："放心吧，我明白你的意思。"不久，舜不避前嫌，启用禹子承父业去治理洪水，也想借此验证一下四岳的话。

禹深感舜的信任，力图报答，因而治理洪水时不辞劳苦，兢兢业业。他经过长期实地考察，确认仅用父亲堵决口的办法根本不行，而必须以疏导为主。他就率领人民开山通泽，疏浚河道，不仅消除了洪灾，还大致确定了九州的区划，更使各州恢复了生产，人民安居乐业。

舜帝很高兴，便效法尧帝，将帝位禅让给了禹。禹推辞不就，于是舜就暂时缓行，却让禹开始主掌百官，管理国事，虽无帝王之名而行帝王之实。舜帝百岁那年到南方巡视，不幸死在苍梧；后来葬在九嶷山，此地于是被后人称为零陵。舜在即位后仍不断去看望曾迫害自己的父母和弟弟，他的一生，是仁孝开明的一生，对中华民族淳厚民风的形成起了至关重要的作用。

千字文

吊民伐罪

吊民伐罪❶，周发殷汤❷。

注释

❶ 吊民伐罪：慰问受苦难的百姓，讨伐残民害国的独裁者。
❷ 周发殷汤：周发指西周君主姬发。殷汤指商朝君主成汤。

解读

安慰无辜的百姓，讨伐有罪的统治者，领头的是周武王发和殷汤王。这两句话引出了中国上古时代的"三王"，也就是禹王、汤王和武王。他们是夏、商、周三代之王，也是三个时代的代表。

诗句

周武商汤有才德，讨伐罪人安民生。

故事链接

夏朝奴隶主贵族过着骄奢淫逸的生活。夏启整天沉湎在饮酒、打猎和歌舞中。到夏桀即位，他更暴虐无道，荒淫无耻，百姓苦不堪言。

夏桀以为他的统治永远不会灭亡。他说："天上有太阳，正像我有老百姓一样。太阳灭亡，我才灭亡。"他还召集所属各部首领开会，准备发动讨伐其他部落的战争。这让各部落对他更加离心离德。

吊民伐罪

商部落传到成汤当王时，已经很强盛了。成汤采取积极措施准备灭夏。他首先任用了伊尹和仲虺为左右相，他出兵攻灭了葛、韦、顾、昆吾等夏朝属国。成汤越战越强，夏桀陷于孤立的境地。

商在成汤之前，一直臣服于夏。后来成汤在伊尹的建议下，停止对夏朝纳贡。夏桀大怒，召集诸侯在有仍（今山东济宁）地方会盟，准备进攻成汤。可是，夏桀的指挥棒不灵了，各诸侯谁也不听他的指挥。成汤和伊尹见灭夏的时机已经成熟，即起兵向夏朝进攻。夏桀的军队众叛亲离，被打得大败。最后，夏桀逃到南巢，即今安徽寿县东南，死于亭山。夏朝灭亡。

成汤灭夏之后，向四方扩展了统治区域，建立了中国历史上第二个奴隶制王朝——商朝。

| 千字文

坐朝问道

坐朝问道❶，垂拱平章❷。

注释

❶ 坐朝（cháo）问道：坐在朝堂上，与大臣们议论政事。
❷ 垂拱：语出《尚书·武成》，意思是不做什么而天下太平。

解读

贤君身坐朝廷，探讨治国之道，垂衣拱手和大臣共商国是。《尚书·武成》中说："淳信明义，崇德报功，垂拱而天下治。"

诗句

端坐朝廷理朝政，治国之道用心听。
垂衣拱手重贤臣，共商国是大业兴。

故事链接

唐朝初年，有一次，唐太宗下令，要把洛阳破败了的乾元殿修饰一番，以备作为到外地巡视的行宫。有一个小官张玄素，却上了一道奏折，痛陈此举不妥。他的一道笔锋犀利、击中要害的奏折，竟敢把英明的君主唐太宗比作昏庸的暴君隋炀帝，冒犯天威。满朝文武都为他捏了一把汗。

但是，唐太宗就是唐太宗。他不仅没有怪罪张玄素，反而下令召见他。此时的唐太宗想进一步试一试张玄素的胆量,就直问道:"你说我不如隋炀帝,那么,我和夏桀、商纣相比,怎么样呢?"

要知道,夏朝的桀王和商朝的纣王,都是历史上臭名昭著的暴君。唐太宗这样问,自有深意。不承想,这个张玄素却直截了当地答道:"如果陛下真的修了乾元殿,那就和夏桀、商纣一样昏乱。"

听到这句答语,唐太宗不仅没有发怒,反而被深深地感动了。他想,一个小官,敢于冒死直谏,为了什么,还不是为了江山社稷?因此,唐太宗收回了他的谕旨,停止重修乾元殿。并且表扬了张玄素,同时赏给他200匹绢。

对此事一直关注的魏徵,听到了这个完满的结局,颇有感触地叹道:"张公论事,有回天之力,可谓仁人之言哉!"这个"回天之力"的故事,充分地说明了唐太宗能够虚心纳谏。

| 千字文

爱育黎首

爱育黎首❶，臣伏戎羌❷。
遐迩❸一体，率宾❹归王。

> 注释

❶ 爱育黎（lí）首：爱是爱护、珍惜。育是抚育、养育。黎首是平民百姓。黎是形声字，文义从黍，有众多、数目很多的意思。

❷ 臣伏戎羌（róng qiāng）：臣是臣服、接受的意思。伏是低头、顺从。戎羌，我国古代西部边疆地区两个少数民族，常用以泛指各少数民族。

❶ 遐迩（xiá ěr）：遐，远，指边疆。迩，近。指远近各地。

❷ 率宾：等同于"率滨"，是四海之内的意思。宾，服从。

> 解读

贤明的君主爱抚、体恤治下的黎民百姓，四方各族的人都归附向往。远远近近都统一在一起，全都心甘情愿服从于贤君。

> 诗句

爱护体贴老百姓，四方民族乐顺从。
远近统一国体成，诸侯率众跟君行。

故事链接

西周由周文王之子周武王姬发灭商后所建立，定都于镐京。由于周朝后来将都城东迁洛邑（今河南洛阳），称东周，所以称都城在西边镐京的这一时期为西周。从西周建立到东周灭亡，共历800多年，是中国历史的一个重要时期，也是中华古典文明的兴盛时期，其物质文明、精神文明对后世历史的发展有很深的影响。

先周是活动于中原西部黄土高原的一个古老部落。周人的始祖传说是帝喾元妃姜嫄的儿子弃。弃在帝舜时担任农师，号称后稷，教民耕稼有功，分封于邰。

商朝初年，他的后代率族人迁到磁。公刘时，迁到豳（今陕西彬）。到古公亶父时，又迁到岐山南边的周原，就是今天的陕西岐山县，定居下来，逐渐发展成一个新兴的西部势力，自称为周。

周发展到季历的儿子姬昌继位时，商纣感到姬昌威胁到他的地位，于是将姬昌囚禁于羑里七年。周人将姬昌赎出后，姬昌大力发展生产，自称为王，即周文王。

周文王逝世后，其子继位，称武王。他以吕尚为师，周公旦为辅，召公、毕公等人为主要助手，继续文王未竟的事业。武王先在盟津召集八百诸侯会师盟誓，两年后，武王兵出潼关，联合各方国诸侯，挥师东向，于次年二月甲子日在牧野打败商朝的军队，杀死殷纣王，史称"武王灭商"，建立了中国历史上时间最长的一个朝代"周朝"。

鸣凤在竹

鸣凤在竹[1]，白驹[2]食场。
化被[3]草木，赖[4]及万方。

注释

[1] 鸣凤在竹：凤，传说中的鸟名，为百鸟之王。雄曰凤，雌曰凰。《演孔图》："凤非竹实不食。"比喻贤才应时而出。

[2] 白驹（jū）食场：《诗·小雅·白驹》上道："皎皎白驹，食我场苗。"白驹，未成熟的白马。白马在圃，表示贤者为用。

[3] 化被（pī）：化，教化。被，通"披"，覆盖，恩泽。

[4] 赖及万方：赖，有利于。万方，泛指天下万物。

解读

凤凰在竹林中欢乐地鸣唱，小白马在草场上悠然地食草。圣君的教化啊，覆盖了大自然的一草一木，王道的恩泽啊，遍及万方的众生百姓。

诗句

凤凰竹林轻声鸣，白马觅食草原行。
草木有情也感动，恩泽万众天下明。

鸣凤在竹

故事链接

凤凰头顶美丽羽冠,身披五彩翎毛,是综合了许多鸟兽的特点想象出来的。凤凰是我国传说中的百鸟之王,象征着吉祥、太平和政治的清明。

凤和龙一样,被历代帝王当做是权力和尊严的象征。凤冠、凤车等与凤有关的东西,只有皇家和仙人才能使用。

不过,后来凤凰也成了民间百姓的吉祥物。尤其在我国传统的婚礼上,凤成了新娘礼服和头饰上的装饰,代表着吉祥和喜庆。在民间的传统图案纹样中,凤凰也被广泛应用,它寓意着吉祥和太平。

凤凰还常常和其他吉祥物配合成纹图,如龙凤呈祥、凤麒呈祥等,也是吉祥如意的象征。

凤凰的起源约在新石器时代,原始社会彩陶上的很多鸟纹是凤凰的雏形,距今7400多年的湖南洪江高庙文化遗址中,出土了一件白色陶罐,其颈部和肩部各戳印有东方神鸟图案,一只朝向正面,一只侧面回首。

据考古专家鉴定,这件陶器上的神鸟图案即为凤凰,比浙江余姚河姆渡文化遗址中发现的凤凰图案至少要早400年,是迄今为止我国发现的最早的凤凰图案。

今日所见关于凤凰的最早记录,可能是在《尚书·益稷》篇中。书中叙述大禹治水后,举行庆祝盛典。由夔主持奏乐,群鸟群兽在仪式上载歌载舞。最后,凤凰也来了——"箫韶九成,凤凰来仪"。

盖此身发

盖此身发①，四大五常②。
恭惟鞠养③，岂敢毁伤。

> **注释**

① 盖此身发：盖，发语词，无实义。身发，身躯、毛发。
② 四大五常：四大，古人认为人体由地、水、风、火四种元素组成。五常，即儒家所说的仁、义、礼、智、信五种品格。
③ 恭惟鞠（jū）养：恭的意思是恭敬。惟，是语气词，没有实在的意义。鞠，抚养，养育。

> **解读**

人的身体发肤分属于"四大"，一言一行都要符合"五常"。恭蒙父母亲生养爱护，不可有一丝一毫的毁坏损伤。

> **诗句**

关于我们的身体，地水风火共组成。
仁义礼智信五常，言语行为当准绳。
谨慎小心细调养，以报父母生育情。
岂敢轻易伤自己，避祸防凶惜生命。

故事链接

春秋时期，齐国有一种残酷的刑罚叫"刖刑"，即使犯罪不大，也得要砍断一只脚。齐国的宰相晏子总想说服齐景公，废除这种酷刑。

一天，齐景公问市场上什么最贵，什么最贱。晏子答道："假脚最贵，鞋子最贱。"齐景公不明白其中的原因。第二天，两人微服来到市场上。齐景公见一片繁荣，很是高兴。可令他惊奇的是，卖鞋子的触目皆是，价钱也便宜，买的人却很少。可找遍全市街，也见不到有假脚出卖。

晏子找个卖鞋的问，卖鞋的答道："受刖刑的人很多，假脚一上市，就抢购一空啦。"他还对晏子故作吃惊地说："想不到被砍掉脚的人，竟这样多。再下去，叫谁种粮食，叫谁去打仗呀？"

齐景公心里一震，不禁说道："这种刑罚得马上废除掉！"晏子心想，一番苦心算是没有白费，心里暗暗欢喜。原来他预先关照卖鞋的，这天把所有鞋全摆出来，又叫那些经营假脚的，停止一天买卖哩。

女慕贞洁

女慕贞洁,男效才良[1]。
知过必改,得能莫忘[2]。

注释

[1] 男效才良:效,仿效。才良,才能卓越,品德高尚的人。
[2] 得能莫忘:学到的知识才能,不荒疏遗忘。"得能莫忘"有两重含义,一是从他人之处有所得,也就是别人教会我们的东西,使得我们有所得,我们不能忘,这也是知恩必报的意思。二是我们自己于修心、修身上有所得,不能忘。

解读

女子要学习那些为人称道的贞妇洁女,自尊自重;男子要效法有德有才的贤人,修养自身。知道自己有过错,一定要改正;学到的知识才能,不可荒疏遗忘,而是应该运用于社会,报效国家。

诗句

女子要学贞洁妇,自尊自重莫自轻。
男子应效贤人行,德才兼备方有名。
知错一定要改正,自身所得不能忘。

故事链接

西汉初年有一个叫季布的人，他特别讲信义。只要是他答应过的事，无论有多么困难，他一定要想方设法办到。当时还流传着一句谚语："得黄金百斤，不如得季布一诺。""一诺千金"这个成语也是从这儿来的。

季布初为霸王项羽帐下大将之一，数次围困刘邦，后来，刘邦打败项羽当上皇帝，开始搜捕项羽的部下，并悬赏千金捉拿季布，下令有胆敢窝藏季布的论罪要灭三族。当时季布躲藏在濮阳一个姓周的人家。

周氏说："汉王朝悬赏捉拿你非常紧急，追踪搜查就要到我家来了，将军您能够听从我的话，我才敢给你献个计策；如果不能，我情愿先自杀。"季布答应了他。周氏便把季布的头发剃掉，用铁箍束住他的脖子，穿上粗布衣服，把他放在运货的大车里，将他和周家的几十个奴仆一同卖给鲁地的朱家。

朱家心里知道是季布，便买了下来安置在田地里耕作，并且告诫他的儿子说："田间耕作的事，都要听从这个佣人的吩咐，一定要和他吃同样的饭。"朱家还专程到洛阳去找汝阴侯夏侯婴，请他解救季布。

夏侯婴从小与刘邦很亲近，后来为刘邦建立汉王朝立下汗马功劳。他也很欣赏季布的信义，在刘邦面前为季布说情，终于使刘邦赦免了季布。后来季布做到了河东太守。

千字文

罔谈彼短

罔谈彼短，靡恃己长❶。

注释

❶ 罔（wǎng）谈彼短，靡（mǐ）恃己长："罔"和"靡"的词性相近，都是表示禁止、劝阻的否定性的词，相当于别、不要的意思。"靡"字的本义是无、没有。

解读

不要去谈论别人的短处，因为宣扬别人丑事，人家也会以牙还牙；也不要依仗自己有长处就不思进取，因为不进取必然就会退步。

诗句

莫论别人缺与短，不以己长逞才能。

故事链接

柳公权是唐代的大书法家，小时候就被人称为"小神童"。听到大家都这样称呼自己，柳公权自己也得意起来。

一天，柳公权和小伙伴们在村子边的大树下写字。他很快写好了，洋洋自得地说："看看，我的字写得又快又好。"小伙伴们也都很佩服他。这时，一个卖豆腐的老汉挑着豆腐担子走了过来，对他说："算了吧，我看你这几个字写得就像我的豆腐一样，软塌塌的，你怎么还有脸吹牛呢！"柳公权心里很不高兴，老汉接着说："不服气吗？我用脚写的字都比你的好！不信你明天到邻村去找我。"

第二天一大早，柳公权就到了邻村，果然在村口的一棵老槐树下，又发现了那个卖豆腐的老人。老人用左脚按着纸，用右脚的脚趾夹着一支毛笔正在写字。柳公权一看老人写的字龙飞凤舞，比起自己的不知要好上多少倍！他心里既惭愧又羡慕，就跪倒在地上要拜老人为师。

老人推辞不过，便用右脚写下了四行诗句："写尽八缸水，砚染涝池黑。博取百家长，始得龙凤飞。"柳公权明白这就是写字的诀窍。从此他发奋练字，再也不敢自满了。

| 千字文

信使可覆

信使可覆❶，器欲难量❷。

注释

❶ 信使可覆：对人许下的诺言，要经得起检验。信，诺言。覆，检验、复验。"信使可覆"这句话，出自《论语·学而》。
❷ 器欲难量：气度要广大，难以计量。器，度量，气度。

解读

凡与人家说过的话，务必诚实可信，要使其能够经得起时间的检验。人的肚量应该宽大无边，应该能够容忍一切难忍之事。

诗句

讲话诚实切切记，时间考验句句灵。
心胸宽广难估量，宰相肚里船能撑。

故事链接

唐朝时，有两位杰出的将领，一个叫郭子仪，一个叫李光弼，他们两人之间有些矛盾。路上相遇，总是互相回避，就是在一起时，也互不说话，各自都把个人的私怨深深埋在心里。

唐天宝十四年冬,范阳节度使安禄山举兵叛乱。为了平息叛乱,唐朝政府提拔郭子仪继任朔方节度使,统兵御敌。这样一来,李光弼就成了郭子仪的部将。郭子仪想到平时两人的关系,心里很不安。

这时唐朝皇帝又传来旨意,命令郭子仪即日率部出征。此时的李光弼也对自己的处境非常担心。

他怕郭子仪会寻机报复,便硬着头皮主动向郭子仪认错,说:"过去是我不好,得罪了您,今后不管怎样处理我,我都不抱怨,只希望不要报复到我的老婆、孩子身上。"

没等李光弼说完,郭子仪赶忙离开座位,跑了过去,紧紧抱住了李光弼,满眼含泪地说:"李将军,现在是什么时候,国家危急,百姓遭难,正需要我们一起去效力,特别需要你这样的人才。难道我们还能像过去那样鼠肚鸡肠,计较个人恩怨吗?"

看到郭子仪如此心怀坦荡,李光弼心里非常感动,当下就和郭子仪对拜了几拜,然后带兵请战。从此,他们二人,将帅协同,在平息叛乱中,各自都立下了卓越的战功。

墨悲丝染

墨[1]悲丝染,诗赞羔羊[2]。

注释

[1] 墨:墨子,名翟。战国初期思想家,墨家学派创始人。
[2] 羔羊:语出《诗经·召南·羔羊》:"羔羊之皮,素丝五佗。"通过咏羔羊毛色的洁白,赞颂君子"节俭正直,德如羔羊"。

解读

墨子为白丝染色不褪而悲泣,《诗经》中有《羔羊》的名篇传扬。这里借墨子与《诗经》的典故告诫人们,不要像丝入染缸那样被污染,而应该像羔羊那样,永远纯洁、洁白。

诗句

白丝污染色难褪,墨子伤心而悲哭。
《诗经》才有《羔羊》篇,称功颂德传千古。

故事链接

墨子,名翟,春秋末期战国初期宋国人,一说鲁国人,是著名的思想家、教育家、科学家、军事家、社会活动家,墨家学派的创始人。墨子创立墨家学说,并有《墨子》一书传世。

墨子很小的时候就接受了儒家的教育，老师教他六艺：礼、乐、射、御、书、数，而墨子对后四项尤其感兴趣。因为这几项能够促进人的动手能力。墨子的老师也很注重培养墨子这方面的能力，他经常带墨子去参观工匠们的作坊。

有一次老师带墨子去染布坊，让墨子观看布匹是怎样染成的。墨子对工匠们的劳作很感兴趣，当他正在聚精会神观看时，老师来到他身边说："看到了吧，这些丝绢本来都是雪白雪白的，把它们放进黑色的染料中，就变成了黑色的了，把它们放进黄色的染料中，就变成黄色的了。"

墨子说："丝会跟着染料的颜色来变化，是这样的吗？"

老师说："是啊，做人的道理和染丝一模一样，所不同的是，丝是被人放进染料中的，如何做人则完全是自己做出的选择。"

墨子明白了老师的意思，就更加严格要求自己了。当他后来成为思想家收了门徒后，他也经常用这个例子来教导自己的学生。

千字文

景行维贤

景行[1]**维贤，克念作圣**[2]**。**

注释

[1] 景行：语出《诗经·小雅·车辖》："高山仰止，景行行止。"意思是对高山要抬头瞻仰，对贤人的品德要看齐。

[2] 克念作圣：克也作"尅"，当胜讲，又作能讲。克念，克服私欲杂念。作圣，当一个圣人。

解读

光明磊落的德行只能在贤人那里看到；一个人只要能够克制自己的私心杂念，就可以成为人们心目中的圣人了。

诗句

光明正大能成贤，圣人律己私欲除。

故事链接

李义琰，唐高宗在位时的宰相。他身居高位，平素生活都过的十分节俭，穿的是一般的布衣，吃的是粗茶淡饭，住的房子也是又旧又简陋，连一般官员的住房都不如。

他的弟弟李义琎见他一朝宰相，日子却过得如此寒酸，心中实在有些不忍，于是劝他重建一所新宅。可是不管怎么劝，他就是不同意。过了些日子，李义琎又去劝他，他还是不答应。

李义琎见哥哥如此固执，就决定自己来替哥哥操办此事，于是他拿出自己的钱，请人购置了一批建房材料，准备为他兴建一所新的宅院。

李义琰知道此事以后，连忙出来阻止，对弟弟说："我侥幸担任了宰相，已是感到十分惭愧，常常觉得自己不太称职。如若再兴建豪华的宅第，贪图舒适安逸，只会招来灾祸，到头来是适得其反。"

李义琎不以为然。李义琰又说道："人生在世，生活不可能都尽如人意，但为人的品格则应追求完美。我身为一朝宰相，为百官之首，倘若迷恋享受，贪图安逸，岂不丢掉了做人的美好品德吗？"

李义琎见哥哥的话说得如此坚决，又言之有理，修建府邸之事，只好作罢了。

… 千字文

德建名立

德建名立[1]，形端表正[2]。

注释

[1] 德建名立：德与名是一对，"德建"才能"名立"。
[2] 形端表正：形与表又是一对，心正才能身正。

解读

养成了好的道德，就会有好的名声；就像形体端庄，仪表也随之肃穆一样。正如《易经》上所说："君子进德修业。"君子只要道德修养达到了，事业上就会有成就，人的形象也会美好起来。

诗句

道德情操一建立，美好名声自然树。
举止端庄仪表整，温文尔雅人恭敬。

故事链接

富弼，字彦国，北宋洛阳人。他出身贫寒，从小读书勤奋，知识渊博，举止豁达，气概不凡。富弼26岁踏上仕途。40多年里，他对北宋王朝竭诚尽忠，他不断加官晋爵，先后担任过仁宗、英宗、神宗三朝宰相，成为天子倚重、百官景仰的名臣。

富弼先后两次奉命出使,第一次出使,正逢女儿得病去世,第二次上路,又闻报小儿子出生,他都没有回家看上一眼。回来以后,朝廷为了褒扬他的功绩,先后授予他枢密直学士、翰林学士和枢密副使等要职,他都谦逊地再三辞谢,不肯就任。

公元1048年,黄河决口,洪水泛滥成灾,河北70万灾民仓皇南下。当时,富弼正遭到政敌的谗言诽谤,谪官在青州。他在境内腾出公私房屋10多万间来分散安排灾民,并出榜向当地百姓募集粮食,加上官仓中的全部存粮,都运送到各地散发。

到第二年,河北麦子大熟,绝大多数灾民都扶老携幼返回家乡。富弼为国家招募到兵员一万多人。天子特派使者前来慰劳,并授任他为礼部侍郎,富弼却辞谢说:"这是臣应尽的职责。"

公元1072年,富弼年老退休,长期隐居洛阳。一天,他乘小轿外出,经过天津桥时被市民发现,人们马上纷纷跟随观看,使热闹的集市顷刻之间变得空无一人。司马光曾称颂他说:"三世辅臣,德高望重。"

空谷传声

空谷传声[1]，**虚堂习**[2]**听。**

注释

[1] 空：指洞穴。引申为洞穴之中一无所有。谷，山谷。
[2] 虚堂：空屋子。习，长期做，逐渐养成的不自觉活动。

解读

在空旷的山谷中呼喊时，会有回音，声音会传得很远，在宽敞的厅堂里说话，也会有回声，而且声音非常清晰。比喻越是在没有人的地方，越是更应该注意自己的言行声音，因为越是空旷的山谷，声音传得越远。

诗句

空旷山谷声播远，宽敞厅堂回声响。

故事链接

当年黄帝命伶伦作乐律，伶伦取懈谷之竹，先用其中厚薄均匀的做成竹管。开始，吹出来的音调没有阴阳之分，根本不成音律。人们讽刺伶伦说："你吹的那竹管，不听则罢，一听把野兽都吓跑了。"

有一次，伶伦吹竹管发出怪叫声，把黄帝的马吓得四蹄腾空，仰头嘶叫，把黄帝从马背上摔下来。伶伦赶快跑过去把黄帝扶起来，黄帝对伶伦说："你制的这个小竹管能把我的马吓惊,可见很不简单,将来一定能吹出好听的音律来。"

在黄帝的鼓励下,伶伦更加信心百倍,整天苦练,但仍然吹不出和谐的音调来。有一天,伶伦来到山上,躺在一块石头上不知不觉就睡着了。当他睡得正香时,忽然被树上一阵美妙的鸟鸣声唤醒。

伶伦马上坐起来一看,只见树上落着两只羽毛美丽、体形优美的鸟在鸣叫,伶伦且情不自禁地拿起自制的竹管,模仿鸟的叫声吹了起来,正吹得起劲时,两只鸟突然停止了鸣叫,展翅飞走了。

从此,人们便把凤凰停息的地方叫作"凤岭"。伶伦每天来到凤岭,坐在一块大石头上,专等凤凰来鸣叫。果然,凤岭树林里不断有凤凰栖落。

| 千字文

祸因恶积

祸因恶积❶，福缘善庆❷。

注释

❶ 祸因恶积：语出《易经·坤·文言》："积善之家，必有余庆；积不善之家，必有余殃。"
❷ 福缘善庆：缘，由于。庆，福泽。幸福是长期行善的结果。

解读

人要是作恶多端，灾害必随之而来；人如果行的善事多了，幸福也将离你不远。这就是人们所说的"积德获福，积恶得祸"。

诗句

作恶多端成祸害，常做好事才有福。

故事链接

有一次，华佗外出行医，半道上迎面来了一个青年，他一手推着小车，一手捧着肚子，脸色蜡黄，呼吸急促。华佗三步并作两步，上前扶住青年，关切地询问他哪儿不舒服，那人痛苦地从喉咙里挤出几个字："肚子痛得实在受不了了！"

华佗立刻动手诊治，断定他得的是肠痈，即阑尾炎，必须立刻动手术。他让病人喝了一碗麻沸散,很快年轻人被麻醉了。华佗用刀子切开病人腹部,割去已经溃烂的肠子,把腹腔清洗干净后再缝好,涂上消炎生肌的药膏。几天后,病人的伤口很快就痊愈了。

华佗善于区分不同病情,对症下药。有一次,有两个军官都患了病,病情完全相同——全身发热并头痛。他们都找华佗治病,华佗诊治后却开了两剂完全不同的药方,一个开的是泻药,另一个开的是发汗药。别人觉得十分奇怪,就问华佗,为什么病情相同却用药不同。

华佗回答说:"表面上看这两人病症完全相同,但病的起因完全不同,一个受了点风寒,只要喝药发汗就会好的;而另一个病根在身体里面,只有服泻药才能治好。"

果然,这两个军官回去喝了药后,病很快就好了。

尺璧非宝

尺璧非宝，寸阴是竞[①]。

注释

[①] 尺璧非宝：璧，玉的通称。尺璧，直径长一尺的圆玉。
[①] 寸阴是竞：阴，光阴。寸阴，指一寸光阴，比喻时间的宝贵。是，作结构助词，使宾语提前，以示强调。竞，争。

解读

一尺长的璧玉算不上宝贵，一寸短的光阴易失而难得，需要努力去争取。璧玉失去了还有可能得到，光阴失去了就再也不能回来。

诗句

璧玉就算一尺长，要说宝贵不苟同。
光阴再短只一寸，努力争取金难赎。

故事链接

董遇是汉代著名学者，在汉献帝兴平年间，他的家乡因灾荒发生了人吃人的现象。为生活所迫，董遇和他的哥哥只好远离家乡，到处流浪。为了糊口，他和哥哥成天上山砍柴，以柴换口饭吃，日子过得很艰难，吃了上顿没下顿，更谈不上穿好衣服。

虽然日子过得苦，可董遇没有放弃学习的念头。每次上山，他都带着书，在砍柴休息的时候，就拿出书来读，有时还高声吟诵，他只要能读上书，比能吃上饭还高兴。

他哥哥不理解而埋怨地说："咱家连肚子都填不饱，哇啦哇啦地读书有什么用？"董遇听了，不恼也不火，他知道哥哥的心意是好的，照样每天带书上山学习，哥哥拿他也没办法。

日积月累，董遇的学问越来越深，他先后为《老子》作了注释，并详尽地研究了《春秋左氏传》。经过刻苦钻研，他写成了《朱墨别异》的专论。附近的读书人听说他这么有学问，都纷纷请他讲书，他总是和人家讲："先用心读吧！读上百把遍再说。"请教的人见他不肯讲解，很是失望。

他解释说："不管什么书，只要认真读上百把遍，边读边琢磨，总会懂得它的意思的。如果还有不懂的地方，再讲也不迟呀！"

请教的人说："您说的很有道理，可是我们哪有这么多的时间呢？"

董遇听到他们说没时间读书，就摇摇头反问道："为什么不利用'三余'来学习呢？"

"何为'三余'？"有人向他请教。

董遇解释说："'三余'就是三种空闲时间。冬天，冰天雪地，没有多少农活，这是一年里的空闲时间；夜间，黑咕隆冬，不便下地劳动，这是一天里的空闲时间；雨雪天，遍地泥泞，不好出门干活，也是一种空闲时间。如果把这'三余'都利用起来，不就可以读很多书吗？"

请教的人听了他的话，很受启发，一个个非常感激他的教诲，高兴地回去了。

| 千字文

资父事君

资父事君①，曰严与敬②。

> 注释

① 资父事君：资，帮助，供养。事，通"侍"，侍奉。
② 曰严与敬：曰，发语词。严，敬爱的意思。

> 解读

供养父母，侍奉国君，要做到认真、谨慎和恭敬。严是一丝不苟，敬是诚谨恭敬，恭在外表，敬在内心。奉养父母、侍奉君王的道理是一样的，能奉行严肃恭敬的美德，就合乎事父事君之道。

> 诗句

孝顺父母侍奉君，恭恭敬敬要认真。

> 故事链接

庾黔娄，南朝齐新野人。他的父亲名庾易，生性淡泊宁静，不羡慕荣华富贵。庾黔娄生性孝顺，平时不随便说话，一举一动都唯恐辱没父母。

由于才学过人，庾黔娄被朝廷征为孱陵县令。刚当上县令，他非常高兴，很想在任上干出一番成绩来。但他上任不满十天，突然莫名其妙地觉得心头咚咚直跳，而且额头上豆大的汗珠簌簌直往下掉，泪水也不自觉地流下,庾黔娄预感家中有事,便决定辞官返乡。

回到家中,果不其然,是他的父亲生病了。庾黔娄听说父亲已病重两天。他焦急地向医生询问父亲的病症。

医生说:"要想知道病情的吉凶,只要尝一尝病人粪便的味道就知道了。味苦为好,味甜就危险了。"在场的邻居听了,都觉得很为难,粪便怎么可以入口呢?

可是黔娄听说后,想都不想,毫不犹豫便尝了父亲的粪便。当他发现粪便的味甜时,内心十分忧虑,夜里跪拜北斗星,乞求由自己代父亲去死。几天后,父亲死去,黔娄安葬了父亲,并守孝三年。人们听说他的孝行后,到处传扬他的孝名。

| 千字文

孝当竭力

孝当竭力,忠则尽命。
临深履薄,夙兴温凊❶。

注释

❶夙(sù)兴温凊(qìng):夙,早。兴,起。凊,清凉。早起晚睡,冬天使父母温暖,夏天让父母凉爽。

解读

对父母孝,要尽心竭力;对国君忠,要不惜献出生命。要像"如临深渊,如履薄冰"那样小心谨慎;要早起晚睡,让父母冬暖夏凉。

诗句

尽心竭力才算孝,效忠国家不惜身。
如履薄冰报君恩,冬暖夏凉事双亲。

故事链接

汉明帝时,匈奴联络了西域的几个国家,经常掠夺边界上的居民和牲口,在洛阳官府抄写书籍的班超听说后,气愤得再也坐不住了,说:"大丈夫应当像张骞那样到塞外去立功,怎么能老闷在书斋里写文章呢?"他

孝当竭力

把笔往案头一放，就投军去了。

公元73年，执掌兵权的窦固派班超为使者，先去联络西域，斩断匈奴与西域的联系，再去对付匈奴。班超带着30多随从人员到了鄯善。

当时鄯善王已经归附了匈奴，但匈奴还是不断地向他勒索财物。这会儿汉朝派使者来了，鄯善王殷勤接待。班超他们住了几天，匈奴的使者到了。鄯善王怕得罪匈奴，故意冷淡班超他们。班超打听到匈奴的使者住地离这儿才30里地，到了半夜里，班超率领的10多个壮士拿着鼓躲在帐篷后面，20多人埋伏在帐篷周围，他带着6个人顺着风向放火。

火一烧起来，壮士们跟着班超杀了匈奴的使者和30多个随从，把帐篷都烧了。班超他们回到营里，正好天亮。鄯善王听到匈奴的使者被杀了，亲自来到班超的帐篷里，说今后一定听从汉天子的命令。

| 千字文

似兰斯馨

似兰斯馨,如松之盛[1]。
川流不息,渊澄取映[2]。

注释

[1] 似兰斯馨(xīn),如松之盛:加强自己的修养,要具有良好的品德,要像兰花那样芳香,如同松柏似的长青。"兰"在这里指的是兰草或兰花。兰草的学名叫泽兰,花有微香。

[2] 川流不息,渊澄取映:思想品德的提高永无止境,像江河一样奔流不息,像潭水一样清澈照人。

解读

能这样去做,德行就同兰花一样馨香,同青松一样茂盛。延及子孙,像大河川流不息;影响世人,像碧潭清澄照人。

诗句

好像兰草芳香纯,又如劲松长青身。
川流不息像河水,德行惠延及子孙。
深潭清澈明似镜,后人借鉴满乾坤。

故事链接

王冕，字元章，号煮石山农，浙江诸暨人，元代诗人、文学家、书法家、画家。王冕七八岁的时候，父亲让他在田埂上放牛，他偷偷地进入学校，听学生们读书。听完以后，就默默地记在脑子里。傍晚回家，他把放牧的牛都忘记了。

有人牵着王冕家的牛来到王冕家，责怪无人看管的牛糟蹋了他家的田地，王冕的父亲大怒，用鞭子打了王冕一顿。过后，他仍然像以前一样。他的母亲说："这孩子对读书如此入迷，为什么不让他去读书呢？"

王冕因此离开家，到一座寺庙居住。夜里他偷偷地走出住处，坐在庙内佛像的膝盖上，拿着书映着佛像前长明灯的灯光诵读，书声琅琅一直读到天亮。佛像都是土质的雕像，大都面目狰狞凶恶。王冕是小孩子，却内心安然一点也不怕，就仿佛没看到一样。

安阳的韩性听说后，感到十分惊讶，将他收作学生。王冕继续勤学，于是成为了精通儒学的人。

韩性死了以后，韩性的门人对待王冕像对待韩性一样。当时王冕的父亲已经去世，于是王冕把自己的母亲接到越城赡养。时间长了，母亲想要归还老家，王冕就买牛来拉母亲的车，自己穿着古代的衣服亲自跟在车后。乡里的孩子都聚集在道路两旁笑，王冕自己也笑了。

| 千字文

容止若思

容止若思[1]，言辞安定。

注释

[1] 容止若思，言辞安定：《礼记·曲礼》："毋不敬，俨若思，安定辞。"郑玄注："人之坐思，貌必俨然。"这两句说，形貌举动若有所思，出言发语态度沉着，言语稳重。

解读

仪态举止要庄重，看上去若有所思；言语措辞要稳重，显得从容沉着。我国是礼仪之邦，自古讲究一个"礼"字，有敬方有礼，有心才为爱。没有诚敬之心，礼再多也是一种形式，不但一点作用没起到，反而使人变得越来越虚伪。因此《礼记·经解》中才说"礼之失，烦"。

诗句

仪态举止要庄重，若有所思神色定。
言语措词须严谨，从容镇静答分明。

故事链接

孟子，战国时期邹国人，中国古代著名思想家、教育家，战国时期儒家代表人物。孟子继承并发扬了孔子的思想，成为仅次于孔子的一代儒家宗师，与孔子合称为"孔孟"。

孟子的妻子独自一人在屋里，叉开两腿坐着。孟子进屋看见妻子这个样子，就向母亲说："这个妇人不讲礼仪，请准许我把她休了。"

孟母说："什么原因？"孟子说："她箕踞向人。"孟母问："你怎么知道的？"孟子曰："我亲眼看见的。"

孟母说："这是你不讲礼仪，不是妇人不讲礼仪。《礼经》上不是这样说吗，将要进门的时候，必须先问屋里谁在里面；将要进入厅堂的时候，必须先高声传扬，让里面的人知道；将进屋的时候，必须眼往下看。《礼经》这样讲，为的是不让人措手不及，无所防备。而今你到妻子闲居休息的地方去，进屋没有声响人家不知道，因而让你看到了她没有仪态的样子。这是你不讲礼仪，而不是你的妻子不讲礼仪。"

孟子听了孟母的教导后，认识到自己错了，赶紧向妻子赔礼道歉。于是，夫妻俩又和好如初。

千字文

笃初诚美

笃初诚美[1]，慎终宜令[2]。
荣业所基[3]，籍甚无竟[4]。

注释

[1] 笃（dǔ）初诚美：笃，诚厚，引申为注重。诚，实在，的确。注重事情的开始固然是好的。

[2] 慎终宜令：令，善。慎重对待事情的结局当然也是美好的。

[3] 荣业所基：基，本、根本。荣耀显达的根本。

[4] 籍甚无竟：籍，凭借。籍甚，盛大。无竟，没有止境。

解读

无论修身，还是求学，重视开头固然不错；认真去做，有好的结果更为重要。有德有才是事业显耀的基础，立身处世，做到五常之德，那你的名声就能得到远扬，并长久地流传下去。

诗句

无论做事与求学，重视开头固然行。
持之以恒更注重，善始善终业能成。
事业发达根基定，德行高尚自传名。

故事链接

河南郡乐羊子的妻子，非常贤德。乐羊子在路上行走时，曾经捡到一块别人丢失的金子，拿回家把金子给了妻子。

妻子说："我听说有志气的人不喝'盗泉'的水，廉洁方正的人不接受他人傲慢侮辱地施舍的食物，何况是捡拾别人的失物、谋求私利来玷污自己的品德呢！"

乐羊子听后十分惭愧，就把金子扔弃到野外，然后远远地出外拜师求学去了。一年后乐羊子回到家中，妻子跪起身问他回来的缘故。

乐羊子说："出行在外久了，心中想念家人，没有别的特殊的事情。"

妻子听后，就拿起刀来快步走到织机前说道："这些丝织品都是从蚕茧中生出，又在织机上织成。一根丝一根丝的积累起来，才达到一寸长，一寸一寸地积累，才能成丈成匹。现在如果割断这些正在织着的丝织品，那就会丢弃成功的机会，迟延荒废时光。您要积累学问，就应当每天都学到自己不懂的东西，用来成就自己的美德；如果中途就回来了，那同切断这丝织品又有什么不同呢？"乐羊子被他妻子的话感动了，又回去修习自己的学业，直到七年后学业完成才回来。

| 千字文

学优登仕

学优登仕①，摄职从政②。
存以甘棠，去而益咏。

注释

① 学优登仕：优，优秀。仕，做官。学业优秀的人可以做官。
② 摄职从政：摄职，代理政务。从政，从事政务活动。

解读

学习出色并有余力，就可走上仕途，担任一定的职务，参与国家的政事。召公活着时曾在甘棠树下理政，他过世后老百姓对他更加怀念歌咏。

诗句

学习优异可做官，参政治国立奇功。
甘棠树木不忍砍，因为召公体民情。
死后百姓更赞咏，看到甘棠人称颂。

故事链接

召公，又叫作邵公，姓姬名奭，是西周周文王的第五个儿子。周灭商前，始封地在召，曾辅助周武王灭商，并跟随周公征服了叛乱的殷商属国和淮夷。召公支持周公旦摄政当国，支持周公平定叛乱。

召公勤于政务，经常走访民间，深得百姓爱戴。召公在陕地巡视时，就在甘棠树下决断刑狱，处理政务，夜晚则于树下搭盖草屋而居。地方官吏让百姓腾出房子供他休息，烧茶备饭招待他，都被召公制止。

当时陕地漫山遍野都生长着甘棠树，召公处理政务之余，摘吃棠梨果子解渴充饥，夸赞其"酸甜适口"。正因为召公勤政爱民，其管辖的这一区域政治清明、社会安定，百姓安居乐业，盛赞召公体恤民情，广施惠政，深得民心，并编成歌谣，广为传颂。

成王崩逝，召公率诸侯与太子见于先王庙中，告诫他先祖成就王业不易，一定要勤政为民、专志诚信、节俭廉洁，不可有过高的欲望。康王继位后，遵先辈所行，清正廉明、励精图治，所以天下太平，一切刑罚放在一边，40年派不上用场。这些与召公的辅佐是分不开的。

后人为感念召公的恩德，在陕州古城捐资兴建召公祠，栽有甘棠树，并有"古甘棠""召公遗爱"等碑刻，使召公载誉天下，流传百代。

乐殊贵贱

乐殊贵贱[1]，礼别尊卑[2]。

注释

[1] 乐（yuè）殊贵贱：乐，音乐、乐曲。殊，特殊、差别。贵贱，尊贵和卑贱。音乐能够区分人们的贵贱等级。

[2] 礼别尊卑：礼，礼仪、礼貌。儒家认为，五伦之中，有尊有卑，而先王制礼以为区别。

解读

音乐要根据人们身份的贵贱而有所不同，礼节要根据人们地位的高低而有所区别。音乐的作用在于调节心情，驱除烦恼；礼的作用在于和，《论语》中说"礼之用和为贵"。有了和才能达到儒家"仁"的境地。

诗句

选择乐曲要看人，身份贵贱有不同。
采用礼节不准乱，地位高低须分清。

故事链接

子游，姓言，名偃，字子。他是春秋末吴国人，孔子的著名弟子。孔子曾称赞他说，有了子游，我的学说才得以在南方传播。后来，子游做了

乐殊贵贱

武城的行政长官。

有一次孔子到武城县去看望子游,却听到到处都是弹琴唱歌的声音。孔子微微一笑说:"杀鸡哪里用得着宰牛刀?"

子游马上辩解道:"从前我曾听老师说过:'君子学习礼乐就会热爱人民,百姓学习礼乐就容易使唤。'"

面对学生的反诘,孔子说:"学生们,子游的话是正确的,我刚才说的话是开玩笑的。"

孔子一贯主张为政以德,实行仁政,以礼乐教化人民。子游根据孔子的教导,在武城县对人民施行礼乐教化,到处听得到弦歌之声。孔子内心表示嘉许,又觉得子游在这种小地方,不能充分发挥他的才能。

上和下睦

上和下睦,夫唱妇随[1]。
外受傅训[2],入奉母仪[3]。

注释

[1] 上和下睦,夫唱妇随:和,谦和、待人和气。睦,亲近、好合。唱,通"倡",随、从。上下要和睦,妻子要顺从丈夫。
[2] 傅(fù)训:傅训是师傅、师长的训诲,属于师道。
[3] 母仪:为母之道。母亲所应遵守的行为规范。

解读

长辈和小辈要和睦相处,夫妇要一唱一随,协调和谐。在外面要听从师长的教诲,在家里要遵守母亲的规范。

教育必须是老师与家长联合起来,有些话只能老师说,有些话又非家长讲不可。家教与师教像人的两条腿一样缺一不可,所以《三字经》上说:"养不教,父之过;教不严,师之惰。"

诗句

长辈晚辈和睦处,夫唱妇随要协调。
在外要听师长训,在家应从母亲教。

上和下睦

故事链接

司马光小时候很贪玩,在他五六岁时,发生了一件事,使他有了变化。有一次,司马光得到一个青胡桃,想把它剥开来吃,但他用了很多办法,都剥不开。他跑去找姐姐帮忙。姐姐接过了胡桃,用尽力气忙了半天,也是没有办法剥开,于是他的姐姐走开了。

姐姐走了之后。这时,一个丫环看到这种情景,就过来告诉司马光:用开水烫,就可以把胡桃剥开。

当姐姐回来后,看到司马光吃着了胡桃。问胡桃壳是谁剥开的,司马光毫不犹豫地回答:"我自己啊!"

司马光的父亲早就看到了丫环帮助司马光烫青胡桃,于是从屋子里走出来大声斥责道:"小孩子不可以撒谎!"司马光顿时感到十分羞愧。

从此以后,司马光再也不敢说谎了,无论是做人还是做事,他总是实事求是。后来,司马光终于成为我国古代有名的政治家、文学家和史学家。

千字文

诸姑伯叔

诸姑伯叔❶,犹子比儿。
孔怀❷兄弟,同气连枝。

注释

❶诸姑伯叔:姑,父亲的妹妹。伯叔,父亲的兄弟。

❷孔怀:出自《诗经·小雅·常棣》:"死丧之威,兄弟孔怀。"后来多用"孔怀"来代指"兄弟"。

解读

对待姑姑、伯伯、叔叔等长辈,要像他们的亲生子女一样。兄弟之间要非常相爱,因为同受父母血气,犹如树枝相连。孔子说过,对父母尽孝是小孝,是孝之始;能够爱天下人、爱万物才是大孝,是孝之终。

孟子也说过,"老吾老以及人之老,幼吾幼以及人之幼",将自己的爱心拓展开来,就是贤人,就是菩萨。

诗句

对待姑叔等长辈,像其子女一样好。
兄弟之间要友爱,血脉相通是同胞。
连枝同根树同人,手足之情要记牢。

诸姑伯叔

故事链接

司马光是北宋政治家、文学家和史学家，他一生孝顺父母、友爱兄弟、忠于朝廷。人们除了对他的德行备极推崇之外，他发自内心真诚地友爱兄弟的情怀，更是流传千古。

司马光的哥哥，字伯康，已80岁了，而司马光也年事不小，但他侍奉兄长就如同侍奉父亲一样地尽心尽力。尤其老人家体质羸弱，消化不佳，为了确保哥哥的健康，司马光让哥哥少食多餐，照顾颇为费神。

每当吃完饭不久，司马光总会亲切地问候哥哥："您饿了吗？要不要再吃点东西？"他几乎是时时刻刻地关注着哥哥，就如同照顾婴儿般地无微不至。

人的一生，和兄弟姐妹相处的时间，往往超过和父母相处的时间，所以兄弟姐妹之间应该彼此相互提携照顾，正所谓"同气连枝，骨肉相连"。又有一说："一回相见一回老，能得几时为弟兄？"

而兄弟间真挚的友爱，是多么弥足珍贵，我们应当更加珍重和爱惜。在我国孝敬长辈叫孝，尊敬兄长叫悌。孝悌是中华民族的传统美德，是我们每一个人都应该学习的。

交友投分

交友投分[1]，切磨箴规[2]。
仁慈隐恻，造次弗离[3]。

注释

[1] 交友投分：交朋友要靠缘分和志趣相投。分，缘分。
[2] 切磨箴（zhēn）规：箴规，劝诫。互相批评，互相帮助。
[3] 仁慈隐恻：仁慈之心和恻隐之心。弗离：不可抛弃。

解读

结交朋友要意气相投，学习上切磋琢磨，品行上互相告勉。仁义、慈爱，对人的恻隐之心，在最仓促、危急的情况下也不能抛离。

交朋友一定要投分，也就是投脾气、投缘分，朋友之道讲一个"信"字，彼此推心置腹，诚信有义，才是真朋友。

诗句

结交朋友应慎重，意气相投才交心。
学习交流互帮助，互相勉励友谊深。
对人富有同情心，仁慈善良心要真。
传统美德不可丢，何时都勿忘源根。

故事链接

春秋战国时,有个楚国人姓俞名瑞,字伯牙,在晋国做官,很善于弹琴。有一年,他到楚国去办事,顺便回家探望多年未见的亲友。

伯牙坐的船开到汉阳江口,因遇大雨无法继续前进,停泊在一座山脚下。过不多时,雨停了,江面上风平浪静,天空出现一轮明月。面对如此优美的景色,伯牙兴致大发,调好弦,专心地弹了起来,弹了一阵,突然"啪"的一声,一根琴弦断了。原来岸上有一个樵夫在听他弹琴。

这个樵夫叫钟子期,听见有人弹琴,便驻足倾听。伯牙请子期在自己对面坐下,问:"你能听懂我弹的是什么吗?"子期说:"你先弹一曲,我试着听听。"伯牙调好琴弦,想起高山的雄伟姿态,开始弹奏起来。一曲完了,子期赞叹道:"气势多么磅礴啊,好像雄伟的泰山一样。"伯牙听了不动声色,他继续弹奏了一曲。琴声刚停,子期便高兴地站起来,连声称赞道:"好极了!就如同烟波浩渺、广阔无边的江河!"

伯牙万万想不到一个樵夫竟然能够听懂音律,他惊喜万分地说:"你真是我的知己呀!"

从此,伯牙和子期成了知心朋友。第二年,伯牙又一次来访子期,却听到子期不久前病故的噩耗。伯牙悲恸至极,来到子期的坟前,将琴摔碎,说是子期死后,再无知音之人,他也不再弹琴了。

千字文

节义廉退

节义廉退[1],颠沛匪亏[2]。
性静情逸,心动神疲[3]。

注释

[1] 节义廉退:义,义气,正义。退,退让,谦让。气节、正义、廉洁和谦逊,这是在任何情况下都要保持的。

[2] 颠沛匪亏:颠沛,倾覆流离。匪,通"非",不。亏,缺少。这句话的意思是一个人即使在严酷的环境也不能有亏道德标准。

[3] 性静情逸,心动神疲:性,性情。逸,安逸。疲,疲惫。这句话的意思是性情安静,情绪就安定;内心躁动,精神就疲惫。

解读

气节、正义、廉洁和谦让的美德,在最穷困潦倒的时候也不可亏缺。品性沉静淡泊,情绪就安逸自在;内心浮躁好动,精神就会疲惫困倦。

诗句

气节正义人之本,廉洁谦让品德美。
即使颠沛流离时,正气凛然永不悔。
平心静气自悠然,心浮气躁精神颓。

节义廉退

故事链接

岳飞，字鹏举，北宋相州汤阴县永和乡孝悌里人。公元1122年，岳飞从军，因武艺高强，被指派为小队长。同年，康王赵构在相州设置兵马大元帅府，招募兵马，岳飞参加了大元帅府的部队，成了康王的侍卫。

后来岳飞参加过多次对金的作战，因作战勇敢，经常得胜，受到宋高宗的器重，故被封为大将。岳飞主张大举北伐，收回故土。但宋高宗怕激怒金国的统治者，不让岳飞北伐，反而命他退守鄂州。岳飞百感交集。

公元1140年5月，就在抗金战争取得辉煌胜利的时刻，朝廷连下12道金牌，急令岳飞"措置班师"。在要么班师、要么丧师的不利形势下，岳飞明知这是权臣用事的乱命，但为了保存抗金实力，不得不忍痛班师。

岳飞回来后，被秦桧罗织罪名杀害。岳飞含冤而死，但他永远活在人们心中。他的赫赫战功和优良的人格品质，在历史上留下了辉煌的一页。

守真志满

守真志满[1]，逐物意移[2]。
坚持雅操，好爵自縻[3]。

> 注释

[1] 守真志满：守真，保持纯真，即保持住人的真常之性。志满，内心满足。

[2] 逐物意移：逐物，追求物欲。意移，意志动摇。

[3] 坚持雅操，好爵自縻（mí）：好爵，好的官职。縻，牵系，拴住，系住。一个品行高尚的人，必然能得到好的官职。

> 解读

保持纯洁的天性，就会感到满足；追求物欲享受，而天性就会转移改变。坚持高尚的情操，好的职位自然会为你所有。

> 诗句

保持纯洁天真心，志得意满心愿遂。
如果一味求财富，意志转移百事废。
坚持节操情高尚，高官厚禄还给谁？

守真志满

故事链接

陶渊明是东晋后期的大诗人、文学家。公元405年,已过不惑之年的陶渊明出任彭泽县令。到任第81天,碰到浔阳郡派遣督邮来检查公务。浔阳郡的督邮刘云,以凶狠贪婪闻名远近,每年两次以巡视为名向辖县索要贿赂,每次都是满载而归,否则就栽赃陷害所辖的官员。

当督邮来到彭泽那一天,县吏对陶渊明说:"我们应当穿戴整齐、备好礼品、恭恭敬敬地去迎接督邮啊!"

陶渊明叹道:"我岂能为五斗米向乡里小儿折腰。"意思是我怎能为了县令的五斗薪俸,就低声下气去向这些小人送贿赂献殷勤呢?说完,他挂冠而去,辞职归乡。此后,陶渊明一面读书为文,一面躬耕陇亩。

陶渊明的一生,充满了对人生真谛的渴望与追求。

陶渊明的诗歌如《饮酒》和《杂诗》等,质朴无华,清丽自然,或者咏史抒怀关心时局,或者充满"性本爱丘山"的生活志趣。陶渊明的辞赋如《归去来兮辞》,表达了他不与世俗同流合污的决心。

陶渊明的散文如《桃花源记》和《五柳先生传》等,表现了一种返璞归真和高远脱俗的意境,同时也表达了他对美好未来充满了向往。

后人对他有"一语天然万古新,豪华落尽见真淳"之誉。但陶渊明那不为"五斗米折腰"的气节,更使后人肃然起敬。

都邑华夏

都邑华夏①，东西二京②。
背邙面洛③，浮渭据泾④。

> **注释**

① 都邑（yì）华夏：邑，国都，京城。华夏，中国的古称。
② 东西二京：东京指洛阳，西京指长安。
③ 背邙（máng）面洛：邙，山名，北邙山，在今河南省。东京洛阳北靠邙山，南面临近洛水。
④ 浮渭据泾：浮，漂浮。渭，渭水。据，依据。泾，泾水。

> **解读**

古代的都城华美壮观，有东京洛阳和西京长安。东京洛阳背靠北邙山，南临洛水；西京长安左跨渭河，右依泾水。

> **诗句**

华夏大地有都城，洛阳长安东西京。
东京洛阳哪里行？北靠邙山好风景，
南临洛水水清清。西京长安在何方？
泾河渭河夹其中，泾渭分明不相融。

故事链接

左思是西晋时有名的文学家，但他小时家里很穷，经常吃不饱饭，再加上人长得丑，他一度很自卑，不爱说话。

在他出名以前，他曾经花了一年时间写了一篇《齐都赋》，但是没有产生什么影响。左思并不感到气馁，他坚信自己能够写出流传千古的作品来。于是，他更加努力，打算写一篇《三都赋》。所谓"三都"，指三国时魏国的都城邺城（今河南安阳）、蜀国的都城成都（今四川成都）、吴国的都城建业（今江苏南京）。要为"三都"作赋，是需要有很深的文学功底和很广博的知识的，当时的一般文人都不敢去写这个题目。

他为了写好《三都赋》，到处去查阅资料，走访那些了解三都历史掌故的人。就这样，左思花了10年的功夫，终于把《三都赋》写成了。这时的左思还没有名气，他把文章拿去请当时在文学界声望很高的皇甫谧指教，皇甫谧反复阅读后，赞不绝口，文学界的知名人士张载和刘逵在读了《三都赋》后也非常欣赏，还为《三都赋》做了注释。

有了这么多名家的推荐和赞赏，左思声名大震，《三都赋》也在洛阳被人们争相传抄。一传十，十传百，整个京城洛阳都轰动了。因为要抄《三都赋》的人太多了，洛阳城里的纸张也供不应求，纸价也涨了许多，留下了"洛阳纸贵"的典故。

宫殿盘郁

宫殿盘郁[1]，楼观飞惊[2]。
图写禽兽，画彩仙灵[3]。

注释

[1] 宫殿盘郁：宫殿，天子所居之室叫宫，天子议事之堂叫殿。盘郁，屈曲茂盛之状。宫殿盘旋曲折，巍峨壮观。

[2] 楼观飞惊：飞惊，凌霄耸立如飞，使人惊赞。

[3] 图写禽兽，画彩仙灵：仙灵，神仙灵怪。宫殿上雕刻着珍禽异兽，描绘着神仙灵怪。

解读

宫殿盘旋曲折，重重叠叠；楼阁高耸如飞，触目惊心。宫殿上刻绘着各种飞禽走兽，描画出五彩的天仙神灵。

诗句

宫殿盘错又曲折，重重叠叠数不清。
楼阁高耸似飞腾，触目惊心势恢宏。
雕梁画栋有禽兽，描出五彩天仙灵。

宫殿盘郁

故事链接

北京的紫禁城堪称古代宫殿的代表作，它是我国明代和清代24个皇帝的皇宫。明朝第三位皇帝朱棣在夺取帝位后，决定迁都北平，即开始营造紫禁城宫殿，至公元1420年，才落成。

依照我国古代星象学说，紫微垣，就是北斗星，位于中天，乃天帝所居，天人对应，所以适合当皇帝的居所，又称紫禁城。

紫禁城的城墙四面各设了一座城门，其中南面的午门和北面的神武门现在专门供参观者游览出入。紫禁城的城内宫殿建筑布局是沿中轴线向东西两侧展开的。红墙黄瓦，画栋雕梁，金碧辉煌。

紫禁城的南半部以太和殿、中和殿和保和殿三大殿为中心。两侧辅以文华殿、武英殿，是皇帝举行朝会的地方，称为"前朝"。紫禁城的北半部则以乾清宫、交泰殿和坤宁宫及东西六宫和御花园为中心。

其外东侧有奉先和皇极等殿，西侧有养心殿、雨花阁和慈宁宫等，是皇帝和后妃们居住，举行祭祀和宗教活动，以及处理日常政务的地方，称为"后寝"。明朝所建紫禁城有两座，一个在北京，一个在南京。

丙舍旁启

丙舍旁启[1]，甲帐对楹[2]。
肆筵设席[3]，鼓瑟吹笙[4]。

注释

[1] 丙舍旁启：厢房开在两侧。丙舍，宫中别室。启，开。
[2] 甲帐对楹：对门是供奉神灵的甲帐。甲帐，帐幕。
[3] 肆筵设席：肆，陈列、摆设。筵，酒席。摆设酒席。
[4] 鼓瑟吹笙：鼓，打击乐器。瑟，丝弦乐器。笙，簧管乐器。

解读

　　正殿两边的配殿从侧面开启，豪华的帐幕对着高高的楹柱。宫殿中大摆宴席，乐人敲击琴瑟，吹奏笙竽，金丝竹石，匏土革木，八音齐鸣，鼓乐沸腾，一片歌舞升平的景象。

诗句

正殿两边是配殿，错落有致开侧面。
豪华帐幕金罗绸，对着楹柱春风拂。
大摆宴席在殿堂，乐人鼓瑟又吹笙。
歌舞升平好气象，哪管百姓苦和穷。

丙舍旁启

故事链接

战国时候，齐国有位国君叫齐宣王。他喜爱音乐，特别喜欢听竽乐合奏。吹竽的乐队越大，他听得越起劲儿。有个南郭先生，既没有学问，又不会劳动，专靠吹牛拍马混饭吃。听到齐宣王要组织大乐队的消息，就托人向齐宣王介绍，说自己是吹竽的高手。

齐宣王很高兴，请他加入了竽乐队。合奏的时候，他坐在300人组成的乐队里，腮帮子一鼓一瘪，上半身前俯后仰，好像吹得十分卖力。其实，他的竽一点声儿也没出。但是，他都和其他乐师一样，拿高薪，吃美餐，一混就是好几年。

但是好景不长，过了几年，爱听竽乐合奏的齐宣王死了，他的儿子齐湣王继承了王位。齐湣王也爱听吹竽，可是他和齐宣王不一样，他认为300人一块儿吹实在太吵，不如独奏来得悠扬逍遥。

于是，齐湣王发布了一道命令，要让乐师一个个地吹竽给他欣赏。乐师们接到命令后都积极练习，都想一展身手。只有南郭先生急得像热锅上的蚂蚁，他想来想去，觉得这次再也混不过去了，只好连夜收拾行李逃走了。

升阶纳陛

升阶纳陛❶，弁❷转疑星。
右通广内❸，左达承明❹。

注释

❶ 升阶纳陛（bì）：阶，登堂道路。陛，帝王宫殿的台阶。
❷ 弁（biàn）：古时的一种官帽，通常配礼服用。赤黑色布做的叫的爵弁，是文冠；白鹿皮做的叫皮弁，是武冠。后泛指帽子。
❸ 广内：汉宫廷藏书之所，指帝王书库。
❹ 承明：古代天子的正寝称承明，因承接明堂之后，故称。

解读

登上台阶进入殿堂的文武百官聚集在朝堂内等待皇帝上朝，大臣的帽子上镶嵌的珠宝，闪闪发光好像是天上的星星。宫殿的右面通向用以藏书的广内殿，左面到达天子休息的承明殿。

诗句

文武百官齐上朝，登上台阶入殿中。
顶顶官帽一大片，好像满天颗颗星。
右面通向广内殿，左面到达承明殿。

故事链接

宫廷,是古代封建帝王居住的地方。为了显示皇家至高无上的地位和统领天下的威严,我国古代宫廷的设计和建筑都特别追求雄伟壮观和富丽华贵。古代宫廷的设计,一般分为前后两部分:前面是皇帝处理朝政的地方,后面是帝王和后妃们居住的地方。

皇宫中的主要宫殿都建在一条南北中轴线上,两侧的建筑整齐而对称。重重院落,层层殿堂,展示了皇宫的齐整、庄严和浩大。宫廷中的建筑,大都由金碧辉煌的大屋顶、朱红的木制廊柱、门窗和宽阔洁白的汉白玉台基组成。

几千年来,我国历代帝王都不惜人力、物力和财力,建造规模巨大的宫廷。可惜的是,这些辉煌的建筑大都在战火中毁坏了。

目前保存最完整的古代宫廷建筑,就是位于北京市中心的故宫博物院。这座明清两朝的皇宫,是目前世界上最大的木结构建筑群。

既集坟典

既集坟典[1]，亦聚群英[2]。
杜稿钟隶[3]，漆书壁经[4]。

注释

[1] 坟典：坟，《三坟》，就是记载伏羲、神农、黄帝事迹的书。典，《五典》，记载少昊、颛顼、帝喾、尧、舜事迹的书。
[2] 亦聚群英：亦，也。聚，聚集。英，才能出众的人。
[3] 杜稿钟隶：杜稿，杜度的草书手稿。钟隶，钟繇的隶书真迹。
[4] 漆书壁经：漆书，用漆写的儒家经典。壁经，指孔壁中的古文经书。即孔子宅壁中所藏的《古文尚书》。

解读

这里收藏了很多的典籍名著，也聚集着成群的文武英才。书殿中有杜度的草书和钟繇的隶书，还有漆写的古籍和孔壁中的经典。

诗句

广内藏有书万卷，通明殿里文武全。
杜度草书钟繇隶，漆写古籍孔经典。
四书五经寻得见，典籍名著堆成山。

故事链接

《文心雕龙》的作者刘勰是南朝梁东莞人,即今山东莒镇人,他出生在一个贫穷的农民家庭里,从小父母双亡,只有靠邻舍的救济过活。后来,刘勰长大了,艰苦的生活磨炼了他的意志,16岁的时候,他就以学识渊博而闻名乡里。

刘勰有个邻居,对刘勰很关怀。邻居有一个女儿,比刘勰只小一岁,和刘勰从小青梅竹马,两人感情也颇深。刘勰成年以后,邻居曾多次暗示愿意把女儿嫁给刘勰,可他想,如果结了婚,他哪还有工夫来看书呢?

谢绝了这一家,又来了那一家。随着年龄的增大,村里给刘勰说媒的人也越来越多,刘勰为了表示自己笃学不娶的决心,收拾好了行李,搬到了附近的一个庙里,一方面帮和尚干些事,另一方面利用庙里的清静环境拼命读书。

这样坚持了十几年,刘勰完成了中国古典文学理论著作中,体系最完整、结构最严密的巨著《文心雕龙》。在历史上,这本书被称为艺苑之秘宝,影响很大。

府罗将相

府罗将相[1]，路侠槐卿[2]。
户封八县，家给千兵[3]。

注释

[1] 府罗将相：府，朝廷。罗，罗列、排列、聚集。将相，指将帅和丞相，这里泛指文武大臣。朝廷里聚集着文武大臣。

[2] 路侠槐卿：侠，同"夹"。路侠，指道路两旁。槐卿，指大臣。古人最崇敬槐树，槐树能生存千年，且不怕旱涝、不畏寒暑，生命力极强。所以将公卿大臣比喻为槐卿。

[3] 户封八县，家给千兵：指将相每户封地八县，配兵千人。

解读

宫廷内将相依次排成两列，宫廷外大夫公卿夹道站立。皇帝给他们每户都封有八县之广的土地和人民，配备千人以上的士兵保护安全。

诗句

皇宫朝堂好威严，将相大臣列两边。
大夫公卿夹道站，宫廷外面听差遣。
户户封有八县地，家家卫兵数上千。

府罗将相

故事链接

历史上把君主称为皇帝，是从秦始皇开始的。在此之前，最高统治者称王或单称皇，如周文王、周武王、三皇等。

春秋战国时期，周王室衰微，诸侯开始争霸，一些国力强大的诸侯国的国君也自称为王，如秦王、楚王、齐王、赵王和燕王等。

公元前221年，秦王嬴政灭掉了六国，平定天下。嬴政自认为这是亘古未有的功业，甚至连三皇五帝也比不上他，如果不改变"王"的称号，"无以称成功，传后世"，于是让李斯等人研究一下怎么改变他的称号，以显示他的丰功伟绩。

李斯等人商议后报告秦王说，上古有天皇、地皇、泰皇，泰皇最贵，可改王为泰皇。秦王反复考虑，认为自己"德高三皇，功过五帝"，决定兼采帝号，称为皇帝，以彰显自己的尊贵。

李斯等连忙附和说："皇帝圣明呀，一称皇帝，自然盖过了五帝三皇，皇帝万岁万岁万万岁！"秦始皇听着这个称呼感到非常满意。

千字文

高冠陪辇

高冠陪辇[1]，驱毂振缨[2]。
世禄侈富[3]，车驾肥轻[4]。

注释

[1] 高冠陪辇（niǎn）：高冠，古代官员戴的高帽子。辇，古时天子所乘坐的车子。大臣们陪伴在皇帝身边。
[2] 驱毂振缨：毂，泛指车。缨，古代帽子上的带子。
[3] 世禄侈富：世禄，王公大臣世代享受的俸禄。侈，奢侈。
[4] 车驾肥轻：车驾，即车。肥，指马。轻，指车子轻便。

解读

王公大臣戴着高高的官帽，陪着皇帝出游。君臣们驾着车马，帽带在头上飘舞着，好不威风，好不快乐。他们的子孙世代领受俸禄，奢侈豪富，出门时轻车肥马，春风得意。

诗句

高高官帽带飘舞，陪同皇帝去游玩。
驱赶骏马华丽车，八面威风号喧天。
世世自在享厚禄，奢侈腐化阔无边。

故事链接

古代的官员都戴有官帽，据史料记载，戴官帽的习俗起自晋朝。乌纱帽的产生时间有几种说法，有人说是唐朝，有人说是宋朝。其实，乌纱帽是古代一种官帽，首先产生于东晋。那时乌纱帽并非官员特有，它不分贵贱，官民皆可戴。

到了唐代，才定为官帽。《新唐书·车服制》记载：乌纱帽在官员们上朝和宴请宾客时戴，平时在家不必戴，颇类似于今天的某些行业着装。

最早的纱帽并非全是黑色，晋朝时的高筒纱帽，贵族们是用白纱制作，品职低下的官员才用黑纱。到了明朝，朝廷官员才全部都戴乌纱帽。

乌纱帽起初是用藤编织，以草茎为里，纱为表，再涂上漆。后来官员用乌纱帽时，由于纱经过涂漆后坚固而又轻便，于是去掉藤里不用，又在纱帽上"平施两脚，以铁为之"，也就是帽子两侧伸出两只帽翅。

这两只帽翅从宋初开始加上，目的是防止官员们上朝站班时互相交头接耳。如果交头接耳，两只帽翅相触，很可能会把帽子碰掉，皇帝就很容易发现。

到了清朝，乌纱帽虽然不再用，可是"乌纱帽"仍成为人们口头上称呼官员的代名词。官帽又可以分为朝冠和吉服冠。朝冠，顾名思义是上朝时戴的，吉服冠，是穿着吉服时佩戴的官帽，就是平时官员所戴的帽子。

千字文

策功茂实

策功茂实[1]，勒碑刻铭[2]。

注释

[1] 策功茂实：策，出谋划策，这里指文治。功，这里指武功。
[2] 勒（lè）碑刻铭：勒，刻。碑，竖石，多刻有文字作纪念。铭，铭文，指碑文。这句话的意思是把将帅的事迹刻在碑上。

解读

朝廷还把将士们所建立的功勋写成铭文，详尽地记载他们的事迹、功德，并刻在碑石上，立在醒目的位置以流传后世，使他们千古留名。

诗句

高头肥马驾轻车，春风得意飘飘然。
功德伟绩载史册，名刻石碑代代传。

故事链接

卜式是汉武帝时人，他出身于一个普通的农民家庭，靠种田和放羊为业。父母去世后，卜式把父母辛苦一辈子挣来的绝大部分财产全留给了弟弟，自己只赶着一群羊到山林里谋生。10多年过去了，卜式辛勤劳动，羊发展到了几千只，于是，他又买了田地房宅，成为当地的富户。

当时，北方的匈奴人经常来干扰边境人民的生活，汉武帝连年派兵征讨匈奴，花去了不少人力和财力。卜式知道了这一情况，为了抗击匈奴，维护人民生活的安宁，他给本地的县官写信说，愿意拿出家产的一半，做边疆打仗的费用。

县官转报给汉武帝。武帝觉得卜式这种行为很少有，连忙派一个使者来了解一下卜式为什么要这样做。卜式想了想说："国家正在讨伐匈奴，我认为臣民应当为守卫边防尽义务，有钱出钱，有力出力，只有这样才能早日平息匈奴的祸患，我们才能过上平静的日子。"

使臣听了卜式的话很为感动。回到京城后，使臣建议汉武帝召见卜式，但由于丞相不相信，没有召见，卜式仍然在山里牧羊、种田。

又过了一年多，由于连年征战，边境不得安宁，有大批移民不得不迁移内地，结果造成国库空虚，国家财政困难。这时，卜式又将钱20万献给河南太守，做移民费用。河南太守把卜式的名字写在富人帮助穷人的记录册上，上报给武帝，武帝联想起以前他捐家产给边防的事迹，认为卜式是一位爱国爱民的忠厚长者，于是拜卜式为齐王太傅。

又过了一段时间，南方边境有外族侵犯，卜式又给朝廷写信要求和他儿子一起到南方守卫边疆。汉武帝很佩服卜式的爱国精神，想利用卜式的事迹来带动一些官员去守卫南疆，于是，下诏书说："卜式虽然是牧羊种田的农民，但他不自私，在国家有困难的时候，能积极主动为国分忧，不仅为国家捐献余钱，而且父子愿意为国赴难，表现出他们的忠义之情。我赐他为爵，赏他黄金十斤，田地十顷。"

这一诏书用布告的形式公布于全国，号召官员们以卜式为榜样，为国分忧。卜式急公好义，毁家产赴国难，深受汉武帝赏识，后来，被封为御史大夫。国家兴亡，匹夫有责，卜式的高尚情操，一直激励着后人。

千字文

磻溪伊尹

磻溪伊尹[①]，**佐时阿衡**[②]。
奄宅曲阜[③]，**微旦孰营**。

注释

① 磻（pán）溪伊尹：磻溪，水名，在今陕西省宝鸡东南，这里指姜太公吕尚，吕尚曾辅佐周武王灭纣。伊尹，辅佐商汤功灭夏桀。
② 阿衡：商朝官名，相当于宰相，这里专指伊尹。
③ 奄：古国名，在曲阜城东，周公之子伯禽受封于此。

解读

周武王磻溪遇吕尚，发现他有安邦定国之才，尊他为"太公望"；伊尹辅佐时政，商汤王封他为"阿衡"。周成王顺利地占领了古奄国曲阜一带的地面，要不是周公旦辅政哪里能成？

诗句

姜尚垂钓磻溪岸，西周从此家国安。
伊尹辅佐商王汤，封为阿衡好荣光。
能在曲阜安宅院，功劳该归周公旦；
不是周公智勇全，哪有鲁国一地盘。

磻溪伊尹

故事链接

夏朝时期的有莘氏部落有个女子采桑时,捡到一个婴儿,并把他交给厨师抚养长大,这个婴儿就是伊尹。后来,商汤与有莘氏部落结好通婚,婴儿作为有莘氏的陪嫁奴隶,当上了商汤家的厨师。

伊尹自幼聪明颖慧,志向远大。有一次,他制作了一道"鹄羹",商汤品尝后向他询问烹饪之术。他说,做菜时要注意咸淡,要讲究选料和火候,只有调味得当,菜肴的滋味才佳。然后,他提出治理国家也和做菜一样,既不能太急,也不能松弛懈怠,只有恰到好处才能把事情做好。

商汤发现伊尹不仅是烹饪高手,而且具有治国安邦之才,就任命他为宰相,让他主持政务。商汤总共当了29年帝王。伊尹运筹策划,不遗余力地辅佐商汤巩固政权,还制定出君臣之间的关系准则。伊尹一生辅佐了四位商王,以卓越的历史功勋,为商朝的发展开创了基业。

… 千字文 …

桓公匡合

桓公❶匡合❷，济弱扶倾❸。

注释

❶ 桓（huán）公：即齐桓公。齐桓公姓姜，名小白，用管仲当宰相发展经济、富国强兵，使齐国成为第一强国。

❷ 匡（kuāng）合：匡，匡正，救助。合，就是汇合。

❸ 济弱扶倾：弱，指弱小的诸侯。倾，歪斜，倒塌。

解读

齐桓公为了匡扶天下百姓，九次会合诸侯，出兵援助势单力薄和面临危亡的诸侯小国。他北伐山戎以救燕国，平定狄乱以助邢国、卫国，解救了周王室之祸，稳定了周襄王之位。

诗句

桓公九次结诸侯，救济弱国策英名；
周家王室得扶持，春秋一霸大业成。

故事链接

公元前663年，北方的山戎国侵略燕国。燕国的国君向齐国求救，齐国的国君齐桓公亲自率领大军前去援救。齐桓公的军队赶到燕国时，山戎国的军队已经带着掠夺的财物,逃到东部的孤竹国去了。齐桓公命令军队继续追击敌人。山戎国和孤竹国的军队听说齐国的军队打来了,就吓得躲进了深山荒林中。齐桓公就顺着敌人的踪迹攻进深山。最后,把敌人的军队打得四散而逃。齐桓公取得了胜利,并把敌人掠走的财物又夺了回来。

当他们要返回齐国时,却发现他们迷了路。因为齐军来的时候是春天,山青水绿,道路容易辨认。而返回去时已是冬天,山野白雪皑皑,山路弯曲多变。所以,走着走着就辨不清方向了。

这时,齐桓公手下的谋士管仲猛然想起老马大多认识归途,便让齐桓公挑选几匹老马带路。齐桓公没有别的办法,就同意试一试。于是管仲挑了几匹老马,让它们在前边走,大队人马跟在后头。几匹老马不慌不忙地走着,果然走出了迷谷,回到了原来的路上。

绮回汉惠

绮①回汉惠,说②感武丁。
俊乂密勿③,多士寔宁④。

注释

① 绮:绮里季,商山四皓之一。商山四皓都是德高望重的老人。
② 说:傅说。傅说原是在傅岩做苦役的奴隶,殷高宗武丁梦见了他,便画像访求,找到以后,用为宰相。
③ 俊乂(yì)密勿:俊乂,英俊人才。密勿,勤劳努力。
④ 多士寔(shí)宁:启用更多贤才,国家才会安定。

解读

汉惠帝做太子时靠绮里季才幸免废黜,商君武丁感梦而得贤相。能人治政勤勉努力,全靠许多这样的贤士,国家才富强安宁。

诗句

汉室惠帝在当年,身为太子险罢黜;
多亏依靠绮里季,化险为夷天下服;
武丁梦中得傅说,一代贤相多奇谋;
都是英才勤努力,国家安宁百业图。

故事链接

西汉时,东园公、绮里季、夏黄公、甪里先生史称"商山四皓"。这四位饱学之士为避秦乱而结茅山林,隐居山中,为人们所敬仰。

高祖刘邦仰慕四皓之名,曾经派人召请,他们避不应召。高祖晚年,准备废太子刘盈,另立宠姬戚夫人子赵王如意,大臣力劝不从,吕后听从张良的计谋,把在商山隐居的四位德高望重的老人请出来辅佐刘盈。

公元前196年,淮南王英布反。高祖有病在身,打算让太子率兵出征。四皓向吕泽陈述利弊说:"太子将兵,有功无级可晋,无功大祸就要临头。况且太子率领的都是高祖定天下的名将,这无异于以羊将狼,怎能取得成功呢?何不速请吕后趁机向高祖哭谏,由高祖自将讨伐。"经吕后劝谏,高祖带病亲自出征。

第二年,高祖打败英布归来,病情加重,想早一点换太子。一次,宫廷举行盛大宴会,太子刘盈侍立于侧,四皓侍立太子左右,庄重威严。高祖看见非常诧异,问道:"你们是什么人?"四皓一一报了姓名。高祖大惊,说道:"我几番召请,诸公避而不见,今诸公为何追随我儿?"四皓答道:"陛下轻视士人,臣等不愿受辱,逃避深山。闻听太子仁孝,恭敬爱士,天下人莫不引颈乐为效力,故臣前来。"高祖也就打消了更换太子的念头。后来,刘盈即皇帝位。四皓拒受封赏,再次隐居山中。

| 千字文

晋楚更霸

晋楚更霸，赵魏困横[1]。

> 注释

[1] 赵魏困横：赵魏，赵国和魏国。横指连横，即横向联合。战国时，苏秦说六国联合拒秦，史称"合纵"。张仪主张拆散合纵，使六国一个个服从秦国，称为"连横"。由于连横，秦国采取远交近攻政策，首先打击赵、魏，所以说"赵魏困横"。

> 解读

春秋时代，晋文公和楚庄公继齐桓公之后，交替称霸；战国时期，赵国和魏国被张仪的连横策略折腾得困顿不堪。

> 诗句

春秋时期都争雄，晋楚先后霸主称；
战国张仪搞连横，赵魏两国遭困境。

> 故事链接

春秋时期，各个诸侯国战乱不断。楚庄王依靠名将养由基平定叛乱后大宴群臣，宠姬嫔妃也统统出席助兴，直到黄昏仍未尽兴。

楚王便命令点烛夜宴，还特别叫最宠爱的两位美人许姬和麦姬轮流向文臣武将们敬酒。忽然一阵疾风吹过,筵席上的蜡烛都被吹灭。这时一位官员斗胆拉住了许姬的手,拉扯中,许姬撕断衣袖得以挣脱,并扯下了那人帽子上的缨带。许姬回到楚庄王面前告状,让楚王点亮蜡烛后查看众人的帽缨,以便找出刚才无礼之人。

楚庄王听完,却传令说:"寡人今日设宴,与诸位定要尽欢而散。现请诸位都去掉帽缨,以便更加尽兴饮酒。"听楚庄王这样说,大家都把帽缨取下,这才点上蜡烛,君臣尽兴而散。

7年后,楚庄王伐郑。一名战将主动率领部下先行开路。这员战将所到之处拼力死战,大败敌军,直杀到郑国国都之前。战后楚庄王论功行赏,才知他叫唐狡。他表示不要赏赐,坦承7年前宴会上无礼之人就是自己,今日此举全为报7年前不究之恩。

楚庄王能够成为"春秋五霸"之一,与其心胸开阔、知人善任不无关系。假如没有绝缨宴,也许唐狡早就被处死了,楚国伐郑就不一定能胜,楚庄王的春秋大业也就不一定能够成就了。

假途灭虢

假途灭虢[1]，**践土**[2]**会盟**。

注释

[1] 假途灭虢（guó）：假，借。途，道路。虢，春秋时的虢国。晋国出兵伐虢，向虞国借路，灭虢归来，又灭了虞国。
[2] 践土会盟：践土，春秋时郑国的一处地名。盟，联盟。

解读

晋献公向虞国借路去消灭虢国，灭虢归来又顺便灭了虞国；晋文公在践土与诸侯会盟，推为盟主。他们歃血为盟，唱高调维护王室。

诗句

献公虞国借路行，消灭虢国露芒锋；
回师途中又除虞，一箭双雕显神通；
文公践土大会盟，得做盟主好威风。

故事链接

春秋初期，位处中原地带的晋国不断兼并征服小国，势力迅速崛起。晋献公在位期间，又把其南面的两个小国——虢国和虞国预定为吞并的目标。可是，晋国要顺利实现这一目的也不是那么容易的。

后来，晋国大夫荀息想出了一条一箭双雕的妙计：即用厚礼贿赂收买虞公，拆散虢、虞之间的同盟，向虞国借路攻打虢国，待虞国中计、虢国败亡后再图后举。

不久，荀息携带良马、美玉等奇珍异宝出使虞国。到了那里后，晋见虞公，献上珍宝，并向虞公正式提出借路攻打虢国的要求。虞公贪利收下了良马、美玉，便应允了，并表示愿意出兵协助晋国作战。

公元前658年夏，荀息统率晋国军队通过虞国的土地去攻打虢国，虞公派出军队同晋军会师，然后协同晋军展开军事行动。晋军在虞军的积极配合下，很快攻占了虢国的下阳，一举控制了虢、虞之间的战略要地。

时隔三年，晋献公又一次向虞国提出了借路讨伐虢国的要求。这时虞国大夫宫之奇透彻地看清了"假道"背后所包藏的险恶用心，并劝阻虞公。可是虞公利欲熏心，根本不采纳宫之奇的建议，反而以晋为自己的同姓国，必不会害己为理由，又答应了晋国借道的要求。宫之奇见虞国灭亡近在旦夕，为逃避战乱，便率领族人逃离了虞国。

这次晋献公亲自统军借道虞国攻打虢国，声势远较前一次为大，可见其志在必得。晋军进展迅速，虢国弱小无援，数个月后被晋军所灭，虢公仓皇逃走。晋军随即凯旋回师，行经虞地驻扎时，即乘其不备发动突然袭击，生俘虞公，轻而易举地灭亡了虞国，最终达到了吞并两国的目的。

何遵约法

何遵约法①，韩弊烦刑②。

注释

①何遵约法：何，指萧何，汉高祖时丞相。《汉书·刑法志》说他制订秦法时，"取其宜于时者，作律九章"。意思是说萧何遵照汉高祖的意思，选用适合秦朝的法律，一共制订了九章。

②韩弊烦刑：韩，韩非。弊，作法自困。《史记·老庄申韩列传》说，李斯、姚贾毁谤韩非，劝始皇"以过法诛之"。

解读

汉朝的萧何遵循简约刑法的精神制订了九律；韩非治刑名之学，宣扬苛刑重罚，后来受到陷害，自己反而身受酷刑之苦，死于秦国的狱中。

诗句

萧何遵守简约法，辅佐刘邦王位登；
秦国韩非用严律，自食其果遭酷刑。

故事链接

韩信是古淮阴人，即今江苏省淮安市人，西汉开国名将，汉初三杰之一，据传为尉缭子高徒。韩信的一生，在为大汉打天下时，留下了许多著名战例和计谋。韩信出身于平民，项梁死后，他在项羽手下当侍卫官。因为项羽不采纳他的计策，他又投靠刘邦。刘邦也没有看出韩信有什么才能，只让他当个负责接待宾客的小官。

萧何知道韩信是个能够统领千军万马的军事奇才，多次向刘邦推荐，刘邦还是不重用韩信。韩信感到很失望，就逃走了。韩信走后不久，即有人向萧何报告了这一消息。萧何闻听，顿时焦急万分，未向汉王刘邦禀告，便亲自纵马连夜追赶。韩信也因此回心转意，同萧何返回军营。

刘邦在萧何的劝说下拜韩信为大将军。韩信被刘邦重用以后，为刘邦操练兵马，出谋划策，南征北战，为刘邦战胜项羽和建立汉朝立下了大功，刘邦把他封为楚王。后来，韩信因私自窝藏项羽的部将钟离昧，刘邦降他为淮阴侯。韩信被降职以后，心里不痛快，并想趁刘邦率兵出征消灭叛军的时候谋反。

吕后得知消息，就找来萧何，让他想办法捉拿韩信。萧何想出一条计策，说刘邦已抓住叛军头领，要韩信进宫去庆贺。韩信不敢进宫，萧何就亲自去请，陪着韩信进宫，结果韩信一进宫就被伏兵抓住杀了。

起翦颇牧

起翦颇牧❶，用军最精。
宣威沙漠❷，驰誉丹青❸。

注释

❶ 起翦（jiǎn）颇牧：起，白起。翦，王翦。两人都是秦国著名将领。颇，廉颇。牧，李牧。两人都是赵国著名将领。

❷ 宣威沙漠：宣，布，发扬。威，兵威。沙漠，我国西北地区多沙，不生草木，一望广漠，称为沙漠。

❸ 驰誉丹青：驰誉，传播声誉。丹青，原指绘画颜色，这里指图画的肖象。他们的美名永远传播在史册之中。

解读

秦将白起、王翦，赵将廉颇、李牧，带兵打仗最为高明。他们的声威远传到沙漠边地，美誉和画像一起流芳后代。

诗句

白起王翦秦名将，廉颇李牧赵精英；
带兵打仗最高明，闻风丧胆敌人惊；
声威远传大漠边，永垂青史留美名。

故事链接

公元前260年，秦国大将王龁率军攻打上党郡，赵国名将廉颇带领20万大军救援。两军在长平关对峙。秦强赵弱，于是廉颇采取了坚守不出的策略。这样僵持了数月，秦军无法突破。

秦相国范雎派人携带重金去赵国进行离间活动，散布谣言说："廉颇年老了，不敢出战。秦国最害怕的是年轻有为的赵括，如果由他指挥赵军，秦军早就被打垮了。"赵王听到这种议论，便派赵括为统帅赵军的大将。

秦王见范雎的离间计得逞，便命令白起为上将军，王龁为副将，指挥秦军相机与赵军决战，同时严令军中不得泄露白起统军的情况，违者斩首，绝不留情。

赵括来到前线，亲率主力主动出击秦军。白起分析了当时两军所处地理位置，决定采取先将赵军主力引诱出城，然后再聚歼的方针。

交战之初，赵括中计，被包围在旷野之上，粮草殆尽，又无援兵前来解围，已经疲惫不堪了。赵括见事已如此，只好将赵军分为四个部分，企图突围出去，但几次冲杀，均未奏效。赵括最后亲率数千人马强行突围，结果被乱箭射死，赵军迅速土崩瓦解。赵国40万大军投降后，被白起在长平活埋了。

| 千字文

九州禹迹

九州禹迹❶，百郡秦并❷。
岳宗泰岱❸，禅主云亭。

注释

❶九州禹迹：九州，黄帝时曾分天下为九州。禹，是黄帝的玄孙，史称大禹，为夏后氏首领、夏朝开国君王。
❷百郡秦并：秦始皇统一中国以后，将天下分为36郡，汉朝以后又将天下分为103郡，取个整数说，就是百郡。
❸岳宗泰岱（dài）：岳，即五岳。宗：尊。岱，泰山的别称。

解读

九州处处留有大禹治水的足迹，全国各郡在秦并六国后归于统一。五岳中人们最尊崇东岳泰山，历代帝王都在云山和亭山主持禅礼。

诗句

大禹治水千古奇，九州大地遍足迹；
秦灭六国始皇帝，全国各郡归统一。
五岳之尊是泰岱，云山亭山帝封禅；
刻碑立传丰功载，中华上下五千年。

故事链接

秦国成为七国中最强大的国家时，所统治的地方，不仅囊括了西半部的大半个中国，还深入到中原地区。韩和魏两国也处于秦国的三面包围之中，这时秦国兼并六国的客观条件已经成熟。

公元前230年，秦王向东方六国展开了大规模的进攻。很快，弱小的韩国被灭。第二年，秦王又派出老将王翦率领几十万大军去进攻赵国。赵王迁只好向秦国投降。王翦又率大军北上去攻打燕国。燕国的太子丹派荆轲去刺杀秦王未成后，于公元前226年迁都到辽东。

公元前225年，王翦的儿子王贲领兵攻破魏都大梁，灭了魏国。公元前223年，王翦率军60万攻占了楚国都城寿春，灭了楚国。与此同时，秦王陆续派兵去平定代地和燕地。

公元前222年，王贲又率军远征辽东，俘虏了燕王喜。接着，又回师攻代，俘虏了代王嘉。至此，燕、赵两国彻底灭亡。公元前221年，王贲率军进入齐国都城临淄，齐国没有抵抗，就向秦军投降。

这样，秦王嬴政从公元前230年至公元前221年，用了10年时间，先后兼并了韩、魏、燕、赵、楚、齐等六国，建立了我国历史上第一个统一的多民族的封建中央集权国家。秦王嬴政统一六国后，自称"始皇帝"，后人称他为秦始皇。秦始皇还统一了货币、度量衡和文字。

雁门紫塞

雁门紫塞❶,鸡田赤城❷。
昆池碣石❸,钜野洞庭❹。

注释

❶ 雁门紫塞:雁门,雁门关。紫塞,北方边塞,这里指长城。
❷ 鸡田赤城:鸡田,西北塞外地名。赤城,古驿站名。
❸ 昆池碣(jié)石:昆池,即昆明滇池,又名昆明湖,号称五百里宽。碣石,河北乐亭县东,今沉入渤海。
❹ 钜野:古湖泽名。在今山东省巨野县北。

解读

雁门关是古长城的要塞,鸡田、赤城都是北方的军事要地。昆明湖地处西南,碣石山背靠东北,钜野泽身居山东,洞庭湖横卧湖南。

诗句

雁门关隘北疆边,万里长城锁云烟。
边关驿站有鸡田,奇峰天台赤城山。
昆明滇池赏丽影,河北碣石把海观。
山东钜野看泽潭,洞庭湖水碧波连。

故事链接

很久以前,昆明一带没有湖泊,也没有小溪,不知道从何时起,这里再也不下一滴雨,田地干裂荒芜。一个年轻的猎手,为了寻找水源,告别了新婚的妻子,翻山越岭,来到东海。看见一望无际的海水,他心中万分喜悦,但是很快却陷入了烦恼之中,怎样把水运回家乡呢?

一天,猎手正在海岸惆怅,突然一只老鹰从水中叼起一条小红鱼,猎手迅速举箭射下老鹰,救了小红鱼。没有想到这小红鱼是东海龙王的三公主,龙王看猎手英俊善良,想把三公主嫁给他。

年轻的猎手执意不肯,龙王就把他变成了一条小黄龙。小黄龙忘不了对家乡和妻子的思念,一天,他趁龙王不备,放开量喝足了东海的水,悄悄飞回了昆明。然而,妻子因为思念过度死了,化作睡美人山。小黄龙悲痛欲绝,他吐完东海的水后,撞山而死。吐出的东海水浩浩荡荡,汇成了今天的滇池。有了滇池的水,万物便有了生机,昆明因此变得富饶而美丽。

千字文

旷远绵邈

旷远绵邈[1]，**岩岫杳冥**[2]。

注释

[1] 旷（kuàng）远绵邈（miǎo）：旷远，幅员辽阔，没有边际。绵邈，是连绵遥远的样子。

[2] 岩岫（xiù）杳（yǎo）冥（míng）：岩，岩石，代表高山。岫，岩洞、山穴，代表山谷。杳，幽深。冥，昏暗。

解读

江河湖海宽广无边。名山奇谷幽深秀丽。这两句话描写了我们的祖国疆域辽阔，连绵遥远，山高峻而谷幽深，景致千奇百怪，变化莫测。同时也是在赞美我国历史悠久，人文荟萃，诸子百家，蔚为大观。

诗句

祖国幅员广又阔，五湖四海纳百川。
名山奇峰多险峻，风光无限谷幽远。

故事链接

雁门关又名西陉关，位于我国山西省忻州市代县县城以北约20千米处的雁门山中，是长城上的重要关隘，与宁武关、偏关合称为"外三关"。

据史料记载，宁武关于公元1467年建成，为万里长城上重要关隘，素有"北屏大同，南扼太原，西应偏关，东援雁门"的战略作用。

"天下九塞，雁门为首。"雄关依山傍险，高踞勾注山上。东西两翼，山峦起伏。山脊长城，其势蜿蜒，东走平型关、紫荆关和倒马关，直抵幽燕，连接瀚海；西去轩岗口、宁武关和偏头关至黄河边。

关有东、西二门，皆以巨砖叠砌，过雁穿云，气度轩昂，门额分别雕嵌"天险""地利"两匾。

东西两门上曾建有城楼，巍然凌空。内塑杨家将群像，并在东城门外，为李牧建祠立碑。可惜城楼与李牧祠，均在日寇侵华时毁于一旦。

但唐代诗人李贺的《雁门太守行》，仍写出了雄关的豪迈气势："黑云压城城欲摧，甲光向日金鳞开。角声满天秋色里，塞上燕脂凝夜紫。半卷红旗临易水，霜重鼓寒声不起。报君黄金台上意，提携玉龙为君死。"这首诗流传至今。

千字文

治本于农

治本于农,务兹稼穑[1]。
俶载南亩[2],我艺黍稷[3]。

注释

[1] 务兹(zī)稼穑(sè):务,努力经营。稼穑,种植和收割。
[2] 俶(chù)载南亩:俶,开始。载,从事。南亩,泛指田地。
[3] 我艺黍(shǔ)稷(jì):艺,种植。黍,亦称稷、糜子。

解读

治国的根本在于发展农业,要努力做好播种、收获这些农活。每一年的开春,农活就应该干起来了,我种上了谷子,又种上了高粱。

诗句

治国之本在农业,耕种收获务必做。
一年开始就忙活,黍子谷子我都播。

故事链接

共工氏姓姜,是炎帝的后代。在那个时候,人类主要从事农业生产,所以对水的利用非常重视。那时,黄河经常泛滥成灾,共工氏制订了一个计划，把土地高处的土运去垫高低地，这样不仅可以扩大耕种面积，有利于水利灌溉，还可以防止水患。但另一部族首领颛顼不赞成共工氏的做法。于是，两部落发生冲突。

共工氏驾起飞龙，来到半空，猛的一下撞向不周山。霎时间，一声震天巨响，只见不周山被共工氏猛然一撞，整个山体轰隆隆地崩塌下来。

天地之间发生了巨变，天空中，日月星辰都变了位置；大地上，山移动、河变流。原来这不周山是天地之间的支柱，天柱折断，使得系着大地的绳子也崩断了。只见大地向东南方向塌陷，天空向西北方向倾倒。因为天空向西北方向倾倒，日月星辰就每天都从东边升起，向西边降落；因为大地向东南塌陷，大江大河的水就都奔腾向东，流入东边的大海里去。

共工氏英勇的行为得到了人们的尊敬。在他去世后，人们奉他为水师，即司水利之神。他的儿子后土被人们奉为社神，即土地神。后来人们发誓时说"苍天后土在上"，谈的就是他，由此可见人们对他的敬重。

千字文

税熟贡新

税熟贡新[1]，**劝赏黜陟**[2]。

注释

[1] 税熟贡新：税，税收。熟，庄稼熟了。贡，纳贡。
[2] 劝赏黜（chù）陟（zhì）：黜，贬职，罢免。陟，晋升、奖励。对征税人员进行晋升或者罢免。

解读

收获季节，用刚熟的新谷交纳税粮，国家对征税有功的人员，要予以奖赏和升级；对在征收中无所作为的人员，要给予降职或罢免的处分。

诗句

秋收新谷纳税粮，赏罚根据少与多。

故事链接

公元627年，唐朝开国皇帝李渊的次子李世民接替父亲登上了皇位。当上皇帝以后，他开始感到肩上的这副担子实在不轻啊。

当时的唐朝，是在隋末天下大乱的基础上建立的。连年的战乱，使社会经济生活遭到严重的破坏。黄河以北许多地方，旷野千里不见人烟；江淮之间，田地里到处长满野草。全国人口只有300万户，只及隋朝极盛时人口的五分之一。

庞大的军队，众多的官员，只能靠苛捐杂税维持。老百姓受不了，只好弃地逃亡，流浪他乡。土地荒芜太多，又造成了粮食奇缺，长安粮价最贵时，一匹绢才能换到一斗米。如何把国家从危机边缘解脱出来？李世民冥思苦想，逐渐悟出了"民为邦本"的道理。于是，他听从大臣魏徵与民"安静"的意见，采取了一系列利国利民措施：

第一是减轻赋税。对山东等一些受灾严重的地方，甚至免税一年。个别地区，他还安排救济饥民。另外还大力兴修水利，促进农业生产。

第二是想方设法增加人口。他派使者与突厥谈判，让其归还掳去的中原百姓；同时下令放归长期被关在宫中伺候皇上的宫女3000人。另外，还规定凡是到了一定年龄未成家的男女青年，由州、县官帮助他们及时结婚。

第三是尽力克制自己的欲望。他提倡节俭，反对奢费，不但自己住在前朝留下来的旧宫殿里，不劳动百姓大兴土木，而且还规定了王公以下的住宅、车服、婚嫁等的标准，不准任何人超越规格。

第四是认真贯彻他父亲制定的均田制，实行计口授田，规定每个丁男应有田30亩，努力使老百姓有田种，有饭吃。

为了促进农业生产，他不但组织委派官员到各地"劝课农桑"，而且还亲自在宫廷后面开了几亩地，带头种起了庄稼。他的妻子长孙皇后见皇帝在"躬耕"，便也立即组织起后宫的妃子、宫女，学农村妇女的样子，养起蚕来。

皇帝和皇后的行动，不但对当时农业生产的恢复和发展起到了较好的推动作用，而且通过亲身对劳动的体验，也使他们真正体会到了农业生产的辛苦，在一定程度上缩短了同劳动人民感情上的距离。

孟轲敦素

孟轲敦素[1]，**史鱼秉直**[2]。
庶几中庸[3]，**劳谦谨敕**[4]。

注释

[1] 孟轲（kē）敦（dūn）素：孟轲，即孟子，战国时期儒家的代表人物。敦素，敦厚朴素。

[2] 史鱼秉直：史鱼，卫灵公时任祝史，故称祝佗。秉，操行。

[3] 庶（shù）几中庸：庶几，近似、差不多。中庸，儒家的一种主张，待人接物采取不偏不倚，调和折中。

[4] 敕（chì）：皇帝、帝王自上命下之词，汉以后为帝王命令。这里含有告诫和命令的意思。

解读

孟轲夫子崇尚纯洁，卫国大夫史鱼秉性刚直。做人要尽可能合乎中庸的标准，勤奋、谦逊和谨慎，懂得规劝告诫自己。

诗句

孟子忠厚又质朴，史鱼性刚且自律。
为人须持中庸道，勤劳谦逊不偏倚。

孟轲敦素

故事链接

孟子，山东邹城人，名轲，字子舆。我国古代伟大的思想家、教育家，战国时期儒家代表人物之一。著有《孟子》一书，属语录体散文集。

《孟子》一书是孟子的言论汇编，由孟子及其弟子共同编写而成，记录了孟子的言语、政治观点和政治行动，是儒家经典的著作。

孟子师承孔伋，即孔子的孙子。孟子继承并发扬了孔子的思想，成为仅次于孔子的一代儒家宗师，有"亚圣"之称，与孔子并称为"孔孟"。

孟子曾仿效孔子，带领门徒游说各国。但不被当时各国所接受，遂退隐与弟子一起著书。孟子的学说出发点为性善论，提出仁政和王道，主张德治。南宋时朱熹将《孟子》与《论语》《大学》《中庸》合在一起称为"四书"。孟子的文章说理畅达，气势充沛并长于论辩。孟子在人性问题上提出性善论，注重的是人性向善，而不是人性本善。

聆音察理

聆音察理[1]，鉴貌辨色[2]。
贻厥嘉猷[3]，勉其祗植[4]。

注释

[1] 聆（líng）音察理：聆是聆听。察，是审察、考察。理，道理。听人讲话时，要有能够辨别是非曲直的本领。

[2] 鉴貌辨色：通过观察人的神态来辨别他内心的活动。

[3] 贻厥（jué）嘉猷（yóu）：贻，遗留。厥，其，代词。嘉，美好的。猷，计划、谋划。

[4] 勉其祗（zhī）植：祗，恭敬。植，立身于不败之地。

解读

听别人说话时，要分清是否合理；看别人的面孔，要辨析他的脸色。要给人家留下正确高明的忠告或建议，勉励别人谨慎小心地处世立身。

诗句

听人说话细品味，分清是否合情理；
与人交往要小心，察言观色定舍取。
忠告建议留子孙，沉稳处世别性急。

故事链接

诸葛亮一生为国为民，克己奉公，为后人树立了楷模。他在54岁时给8岁的儿子诸葛瞻写了著名的《诫子书》，这既是诸葛亮一生经历的总结，更是他对子女的要求："夫君子之行，静以修身，俭以养德，非淡泊无以明志，非宁静无以致远。"

诸葛亮告诫子女想要成为有道德修养的人，首先要静心静思，不断修身和自省；要自我约束，不放纵自己，培养高尚的品德和节操。

如果不下苦功学习，就不能增长与发扬自己的才干；如果没有坚定不移的意志，就不能使学业成功。

纵欲放荡、消极怠慢，就不能勉励心志使精神振作；冒险草率、急躁不安，就不能陶冶性情使节操高尚。

要实现理想需要不断学习知识，只有静心、刻苦才能学到真知，没有坚定的意志就不能成功。

如果虚度年华与岁月，自甘消磨时日，最终就会像枯枝落叶般一天天衰老下去。这样的人不会为社会所用而有益于社会，只有悲伤地困守在自己的穷家破舍里，到那时再后悔也来不及了。

诸葛亮对子女寄予厚望，他的子女后来都淡泊名利，忠心报国，为国家社稷做出贡献，这正是"宁静致远"的意义和价值所在。

千字文

省躬讥诫

省躬讥诫[1]，宠增抗极[2]。
殆辱近耻[3]，林皋幸即[4]。

注释

[1] 省躬讥诫：省，反省。躬，自身，自己的身体。讥，讥讽。
[2] 宠增抗极：宠，恩宠，宠爱。抗极，与权贵对抗。
[3] 殆（dài）辱近耻：殆，接近。辱，耻辱。
[4] 林皋（gāo）幸即：林，森林。皋，水边的高地。幸，幸福。即，就。能够生活在山林水边，就是幸福啊！

解读

听到别人的讥讽告诫，要反省自身；备受恩宠的时候不要得意忘形，对抗权尊。当你受到的尊荣达到顶点时，也就是你即将要遭受耻辱之时。一个人能够稳居山林，浪迹水滨，逍遥自得，那是多么幸福啊！

诗句

听人讥讽与告诫，自我反省找问题；
备受宠爱不忘形，对抗权尊惹祸起；
危险耻辱如近身，最好及时归山林。

故事链接

宋代著名书法家米芾少时在私塾里学写字，一天，有位进京赶考的秀才路过他们村，米芾听说这位秀才写得一手好字，就跑去请教。秀才对米芾说："你要真想跟我学写字，有个条件，必须买我的纸。纸是贵了点。一张五两纹银。"

米芾求学心切，一咬牙从别人那里借来五两银子交给秀才。秀才递给他一张纸说："回去好好写吧，三天后拿给我看。"回到家，米芾怎么也不敢轻易往上写，只是用没蘸墨汁的笔在书床上划来划去，认真琢磨每个字的间架和笔锋，试图把字一个个印在心里，不知不觉竟入了迷。

三天后，秀才见米芾没去找他，就找上门来。用扇子指着纸说："好了，琢磨了三天，现在写个字我看看！"米芾这才提笔写了个"永"字。秀才拿过来一看，故意问米芾说："你为什么三年学字收益不大，三天却能突飞猛进呢？"

米芾低头说："因为这纸贵，我怕一急写不好浪费了纸，不敢像先前那样随意动笔，而是先用心把字琢磨透了。"

秀才打断他的话说："写字不能只用手写，更重要的是要用心写，只有做到心领神会，才能写好。"说完，挥笔在米芾写的"永"字后又写了七个字"志不忘，纹银五两"，然后从怀中掏出那五两纹银还给米芾，头也不回地走了。米芾一直把这五两纹银放在床头，时刻铭记这位启蒙老师的苦心教诲，后来成了非常有名的大书法家。

千字文

两疏见机

两疏见机[1]，解组谁逼[2]。
索居闲处[3]，沉默寂寥[4]。

注释

[1] 两疏见机：指疏广、疏受叔侄。疏广在汉宣帝时任太傅，其侄疏受任少傅，两人深受恩宠。但他们在位五年，就以疾病为由辞官回乡。见机，指懂得把握时机。

[2] 解组谁逼：解，解下，归还。组，印绶。

[3] 索居闲处：索居，离群独居。闲处，闲散无事的处境。

[4] 沉默寂寥：沉默，沉寂，不说话。寂寥，寂寞、清静。

解读

疏广、疏受预见到危患的苗头就告老还乡，哪里有谁逼他们除下官印？离群独居，悠闲度日，整天不用多费唇舌，清静无为岂不是好事。

诗句

疏广疏受很明智，见机还家省乡亲；
没有谁来逼他们，解除官印已甘心；
离群独居闲度日，默默无闻清静人。

故事链接

　　唐代孟浩然出生于一个传统的书香门第之家，"家世重儒风"，世代读诗和遵礼，总是以"君子以自强不息"为勉。孟浩然在词赋方面的造诣很高，他还是个洁身自好的人，不乐于趋承逢迎。他耿介不随的性格和清白高尚的情操，为当时和后世所倾慕。

　　在40岁以前，孟浩然一直在襄阳砚山附近的涧南园过着隐居生活。后来上京投考落第，游吴越后他再度归隐，并投入修炼的生活中。除了晚年在朋友张九龄帐下做过几年官外，他的一生都是在隐居中度过的。

　　孟浩然特别喜欢山水，游览山水和陶冶性情，是他一生中生活的基本内容，他住的地方左右都是空旷的林野，听不到城里那种喧闹。

　　他有时候会去林野北边的山涧旁钓一钓鱼，偶尔会打开南面的窗户，也会听一听樵夫们打柴时的"樵唱"。

　　孟浩然把隐居过程中心里的想法写下来，找那些善于静思的朋友一起讨论。他过着神仙般的生活，在白云飘浮的山上，自我怡悦，登高望远，心境随着远飞的大雁渐入空寂。

千字文

求古寻论

求古寻论[1]，散虑逍遥[2]。
欣奏累遣[3]，戚谢欢招[4]。

注释

[1] 求古寻论：在古书及古人事迹中寻找有见识的高论。
[2] 散虑逍遥：散，驱散。虑，忧虑。逍遥，自在、悠然的样子。
[3] 欣奏累遣：欣，愉悦。奏，进。累，忧患，危难。遣，驱除、排遣。放松心情，排除忧虑。
[4] 戚谢欢招：戚，悲戚、忧愁。谢，谢绝。招，引来、招致。

解读

在古书中寻求生命的意义，消除不必要的忧虑，逍遥自在地生活，把高兴的事放在心中，把烦恼排遣出去，谢绝忧愁，招来快乐。

诗句

研究古籍读名著，寻求人生哲理深；
忧虑愁苦尽消散，逍遥自在享天伦。
轻松快乐凑一块，累心之事抛烟云；
无尽烦恼全丢掉，无限欢乐满我心。

故事链接

方以智，字密之，号曼公，安徽桐城人，是明末清初的唯物主义思想家和爱国主义者。他精通哲学、自然科学、文学、医学等诸多学科，一生写下了不少著作，现存的就有28种之多。这些著作，大部分是在他的读书笔记的基础上充实发展起来的。

从少年时代起，方以智就好学勤记。每读一本书，遇到自己特别喜爱的篇章、片段或警句，他就用卡片抄录下来，反复吟读十余遍，然后把它贴在墙壁上。像这样，他每天都要抄很多段。每当读书作文告一段落，在房中散步的时候，他就借此机会再看看、读读墙上的那些篇章、片段。

除了用此方法学习前人的智慧结晶外，他还勤于记读书笔记。每读完一本书，他都要写很详细的读书笔记，记录自己的心得体会，摘录书上重要的文句，常常一天要写十几条或几十条。他的笔记本很多，有的用来记录为人处世的道理，有的用来记录自然科学知识和社会科学知识，有的用来记录地方上的风俗习惯和奇闻异事，有的用来记录奥妙的哲学道理。每隔一段时间，他就要整理一番，分类归纳，编出索引，以备查阅。

方以智写读书笔记很认真，不仅字写得端端正正，而且还特别详细。他为了研究一个问题，常常要翻看许多书，搜集许多民间生活材料，直到把问题彻底弄清楚为止。

有一次，方以智为了研究明朝以前人们住的房屋、用的器具和穿的衣服，翻阅了70多种书，还访问了许多老年人，终于把这些方面的问题弄清楚，并写出了很详细的研究报告。

他的读书笔记博及群书，考据精确，这对他的写作帮助很大。方以智的著作《通雅》，后来曾获得世人很高的评价。

千字文

渠荷的历

渠荷的历[1]，园莽抽条[2]。

枇杷晚翠，梧桐蚤凋[3]。

注释

[1] 渠荷的（dì）历：渠，池塘，水渠。的历，光彩烂灼的样子。
[2] 园莽（mǎng）抽条：莽，杂草。抽条，生芽。
[3] 梧桐蚤（zǎo）凋：蚤，通"早"，指月初或早晨。

解读

池塘里的荷花开得光润鲜艳，花园中的草木抽出条条嫩枝。枇杷至岁晚还是苍翠欲滴，梧桐刚交秋天就早早地凋谢。

诗句

满池荷花开得艳，园中草木抽新枝；
冬日枇杷仍苍翠，秋天梧桐已凋萎。

故事链接

古时候，大明湖畔生活着一对男女，男的叫杨柳，女的叫荷花。他们青梅竹马，两小无猜，是天生一对。谁知天有不测风云，湖畔有一个官宦人家的恶少，他早已垂涎荷花的美貌，生出歹心。

一天，恶少趁荷花家中无人，便带人去了荷花家，想把荷花抢走。荷花一个弱小女子怎敌得过恶少一行人的打抢，不一会就被恶少捆绑起来，带走了，荷花不停地哭喊着杨柳的名字。

当杨柳闻讯追来搭救，恶少竟然指使家丁把杨柳杀死了，杨柳心怀仇恨地倒在了大明湖畔。荷花见杨柳被恶少杀死，悲痛欲绝，她挣开强人，投身跳入湖中，殉情自尽了。

不久之后，人们看见在大明湖畔杨柳被害的地方，生出了许多茁壮的柳林；在湖中荷花自尽的地方，生出了许多艳丽的红荷。柳枝拂水，向着荷花点头；红荷挺立，朝着柳枝传情。

于是湖畔的人们就说：这是杨柳和荷花的化身啊！他们活着不能结合，死后终于可以日日厮守相聚在一起了。

陈根委翳

陈根委翳❶，**落叶飘摇。**
游鹍独运❷，**凌摩绛霄**❸。

注释

❶ 陈根委翳（yì）：陈根，老树根。翳，植物自毙叫翳。
❷ 游鹍（kūn）独运：鹍，鹍鹏。独运独自飞翔。
❸ 凌摩绛霄：凌：向上升高。摩，迫近、接近。绛，紫红色。绛霄是紫红色的云气，又叫紫霄。

解读

陈根老树枯萎倒伏，落叶在秋风里四处飘荡。寒秋之中，鹍鹏独自高飞，直冲布满彩霞的云霄。这里说游鹍独运，同时也衬托出了君子和而不同，群而不党，处染而不染的操守。

诗句

陈根老树枯倒地，落叶风中四处飞；
鹍鹏翱翔在天空，直冲云霄彩霞红。
大千世界瞬息变，人生喜乐无常间；
莫为世俗多忧虑，悠闲散步田园边。

陈根委翳

故事链接

　　在很北很北的北面，有一片大海。海中有一种鱼，它的名字叫鲲。这个鲲很大很大，那个大的程度，说不清楚到底有几千里。后来这个鲲变成了一只鸟，它的名字叫作鹏。

　　这个鹏很大很大，仅仅只它的脊背，就说不清有几千里。有一次，这只鹏发了怒，振翅而飞，它的翅膀像是遮住天的乌云。这只鸟在海上飞翔，它是要飞到南海去。所谓南海，也就是人们所说的天池。

　　《齐谐》是一部专门记载奇事的志书。其中有这样的记述：大鹏要迁往南海，展开它的翅膀，拍起的浪头高达三千里，盘旋而上，驾着云气，离开海面九万里；它飞行了六个月，才到达南海，歇息了下来。

　　当大鹏飞翔在高空时，飘浮在它下面的云气，有时候就像是野马在奔腾，有时候就像是尘埃在卷动，有时候就像是众生的气息在涌动。

　　人们在地面上向上望它的时候，只见天之苍苍，不知道哪里是它的本色，这是因为它太高远，高得没有极限！大鹏从天上往下俯视，就像是人们从地面向上仰视一样。那是因为它自身飞得太高，以至于它无法看清地面的本色。

千字文

耽读玩市

耽读玩市[1]，寓目囊箱[2]。

> 注释

[1] 耽读玩市：耽，沉溺，沉浸。玩市就是热闹的集市。在嘈杂的市场里还能潜心读书，对外面的一切充耳不闻。

[2] 囊箱：袋子和箱子，这里是指书袋和书箱。此处引用东汉哲学家王充少年时代的一段轶事。王充少年家贫，无钱买书，他便到市上书店阅读展卖的书。

> 解读

汉代的王充爱好读书，每次在街市上都会沉迷、留恋于书籍之中，眼睛所看的都是书袋和书箱里的书籍。

> 诗句

东汉学者名王充，博学多才著《论衡》。
聪明绝非先天生，全是少年下苦功。
洛阳书市苦钻研，废寝忘食忘归程。
全神贯注不他顾，眼睛注视书箱中。
趁着年少多读书，勤奋上进学王充。

故事链接

王充,字仲任,东汉著名的唯物论思想家。祖籍魏郡元城,即今河北大名县。王充年轻时游学洛阳,因家境不富,买不起书,便经常到书肆站立着读书,可以过目成诵。王充出身于"细族孤门",自幼好学。大约在公元86年至88年期间,王充被扬州刺史董勤征聘,担任九江的刺史府治中从事。不久后,王充便辞官返回故里,以教授学生为生。

后来肃宗特诏公车征,派公车前去征聘王充。然而王充无意于仕途,借口体弱多病推辞任命。辞官回乡后王充一面教书,一面著书立说。他以毕生心血写下四部哲学巨著:《讥俗》《政务》《养性》《论衡》,但保留下来的只有《论衡》一部。

《论衡》共85篇,是王充用了30年心血才完成的,被称为奇书。公元189年蔡邕来到浙江,看到《论衡》一书如获至宝,秘密收藏。蔡邕的友人发现他自浙江回来以后,学问突有大进,猜想他可能得了奇书,便去寻找。果然在他帐间隐蔽处发现了《论衡》一书。

千字文

易輶攸畏

易輶攸畏①，属耳垣墙②。

> [注释]

① 易輶（yóu）攸（yōu）畏：易，轻视。輶，一种轻便的车子。易輶指掉以轻心，漫不经心。攸畏，有所畏惧。

② 属耳垣（yuán）墙：垣，矮墙。这句的意思是隔墙偷听。

> [解读]

说话最怕旁若无人，毫无禁忌；要留心隔着墙壁有人在贴耳偷听。语言出我之口，入人之耳，是千万不可轻心忽视的，要谨防祸从口出。

> [诗句]

说话最怕旁无人，毫无顾忌祸伤身。
隔墙有耳要留心，时时处处应谨慎。

> [故事链接]

从前，在中原的伏牛山下，住着一个叫吴成的农民，他临终前，把一块写有"勤俭"二字的横匾交给两个儿子，告诫他们说："你们要想一辈子不受饥挨饿，就一定要照这两个字去做。"

后来，兄弟俩分家，将匾一锯两半，老大分得了一个"勤"字，老二分得一个"俭"字。老大把"勤"字高悬家中,每天"日出而作,日落而息",然而他的妻子却过日子大手大脚,孩子们常常将白面馍馍吃两口就扔掉,久而久之,家里就没有一点余粮。

老二也把"俭"字供放中堂,他疏于农事,又不肯精耕细作,每年所收获的粮食就不多。尽管一家几口节衣缩食、省吃俭用,毕竟也是难以持久。这一年遇上大旱,老大、老二家中都早已是空空如也。

他俩情急之下扯下字匾,将"勤""俭"二字踩碎在地。这时候,突然有纸条从窗外飞进屋内,兄弟俩连忙拾起一看,上面写道:"只勤不俭,好比端个没底的碗,总也盛不满!只俭不勤,坐吃山空,一定要挨饿受穷!"

兄弟俩恍然大悟,"勤""俭"两字原来是不能分家的,二者相辅相成,缺一不可。吸取教训以后,他俩将"勤俭持家"四个字贴在自家墙上,提醒自己,告诫妻子儿女,身体力行,此后日子过得一天比一天好。

具膳餐饭

具膳餐饭❶,适口❷充肠。
饱饫烹宰❸,饥厌糟糠❹。

> **注释**

❶ 具膳(shàn)餐饭:具膳,备办食物。餐饭,即吃饭。
❷ 适口充肠:适口,即合适的口味。适口是因人而异,因地制宜,没有统一的标准,饮食上的五味是要根据空间和时间来调整的。充肠,即吃饱。这句的意思是饭菜可口,更容易吃饱。
❸ 饱饫(yù)烹宰:饫,同厌,不想吃。烹宰,喻荤食。
❹ 饥厌糟糠:厌,同"餍",吃饱。糟糠,指粗粮。

> **解读**

安排一日三餐的膳食,要适合各人的口味,尽量能让大家吃好。饱的时候连大鱼大肉也不想吃,饿的时候就是粗菜淡饭也要吃饱。吃饭应该合理安排,不要贪慕奢华,要讲求实惠。

> **诗句**

一日三餐要节俭,可口吃饱就心满。
饱时鱼肉不觉鲜,饿时糟糠味也甜。

故事链接

季文子是春秋时代鲁国的贵族、著名的外交家，为官30多年。他一生俭朴，以节俭为立身的根本，并且要求家人也过俭朴的生活。他穿衣朴素整洁，除了朝服以外没有几件像样的衣服，所乘坐的车马也极其简单。

见他如此节俭，有个叫仲孙它的人劝季文子说："你身为上卿，德高望重，但听说你在家里不准妻妾穿丝绸衣服，也不用粮食喂马。你自己也不注重服饰，这样不是显得太寒酸，让别国的人笑话您吗？您为什么不改变一下这种生活方式呢？"

季文子听后淡然一笑，对那人严肃地说："我也希望把家里布置得豪华典雅，但是看看我们国家的百姓，还有那么多人吃着粗糙难以下咽的食物，穿着破旧不堪的衣服，还有的人在受冻挨饿。想到这些，我怎能忍心去为自己添置家产呢？如果平民百姓都粗茶敝衣，而我则装扮妻妾，精养良马，那么，这为官的良心到哪里去了？况且，我听说一个国家的强盛与光荣，只能通过臣民的高洁品行表现出来，并不是以官员拥有美艳的妻妾和精良的骏马来评定的。我又怎能接受你的建议呢！"

一番话说得仲孙它满脸羞愧，同时也使得他在内心对季文子更加敬重。此后，他也效仿季文子，十分注重生活的简朴，妻妾只穿用普通布做成的衣服，家里的马匹也只是用谷糠、杂草来喂养。

千字文

亲戚故旧

亲戚故旧，老少异粮。
妾御绩纺[1]，侍巾帷房[2]。

注释

[1] 妾（qiè）御绩纺：妾，古代女子的泛称。御，同"驭"，使用，掌握。绩纺，绩是缉麻，绩纺是绩麻织布。
[2] 帷房：内房。古代的房中设有帷幕，床上挂有幔帐。

解读

亲属和朋友会面要盛情款待，老人和小孩的食物应和其他人有所区别。小妾婢女要管理好家务，尽心恭敬地服侍好主人。

诗句

亲朋好友诚款待，老人孩子另做餐。
妻妾织布又纺麻，侍巾帷房休息慢。

故事链接

李晟（shèng）是唐朝的一个大官，官至太尉、中书令。他有个女儿，嫁给一个姓崔的官员，按当时的习惯家人都称她为崔氏。

一次李晟过生日，大清早，崔氏就赶回家来为父亲祝寿。酒宴刚刚开始，一杯酒还没喝完，崔家的一个使女就急匆匆地走了进来，凑在崔氏的身边耳语了一阵。崔氏听完微皱眉头，挥了挥手，使女便走了。

酒宴继续进行，正当众人酒兴正浓的时候，那使女又急急忙忙地转回来，向崔氏嘀咕了好一阵，好像很为难。崔氏很不耐烦地又把使女打发走了。李晟是个细心的人，他在高高兴兴接受客人和晚辈敬酒的时候，观察到了女儿这边的动静。找了一个机会，他把女儿招呼到自己的身边，轻声地问："怎么，家里有什么事吧？"

"没什么，大家在给您祝寿，爹爹就不要分心了。"崔氏摇了摇头，毫不介意地说，"我的婆婆昨天夜里犯了病，今天还有些不舒服。女儿怕扫宴会的酒兴，再说婆婆的病也不太重，就没有回去，已打发下边的人去服侍了，若有什么情况会及时告诉我的……"

看到女儿这样漫不经心地对待婆婆的病，李晟很生气，就严肃地说："你作为人家的儿媳妇，婆婆闹病，你怎么能不去服侍照料，却跑来为我过生日呢！"

"你过生日，女儿不在也是不孝敬啊！况且满朝文武都在，女儿于席间离开，也不礼貌啊！"女儿委曲地辩解道。

"在家敬父母，出嫁孝公婆。祝寿和服侍病人哪个更急啊？你听说婆婆生病便急忙离去，客人只会夸李家的女儿有教养。相反，不回去别人倒会说闲话，因为爸爸的官职高啊！"说完，便让家人备车，送女儿回家，去照料婆婆。

崔氏走后，李晟想到女儿刚才的态度与自己过去教育不够有关，心里很不安。酒宴一撤，李晟便急忙赶到女儿家，问候亲家的病情，并且为女儿今天的失礼，再三表示歉意。亲家母被感动得流下热泪，因儿媳失礼而生的怨气，一下子全消失了。

纨扇圆絜

纨扇圆絜[1]，银烛炜煌[2]。

注释

[1] 纨（wán）扇圆絜（jié）：纨，很细的丝织品。絜，即"洁"。
[2] 银烛炜煌：银烛，银白色的蜡烛。炜煌，光明辉煌。

解读

绢制的团扇像满月一样又白又圆，用它驱除夏日的炎热；银色的烛台上灯火辉煌，用它照亮漆黑的夜晚。

诗句

绢制团扇白又圆，银色烛台火辉煌。

故事链接

东汉时期，汉桓帝曾赐给曹操的祖父曹腾一柄"九华扇"，十分名贵，曹操的儿子曹植为此专门写了一篇《九华扇赋》赞美此扇。曹植在序中这样写道："昔吾先君常侍，得幸汉桓帝，赐方扇，不方不圆，其中结成文，名曰九华。"

意思是说：过去，我的曾祖父曹腾为中常侍时，曾得到汉桓帝的宠爱，赐予尚方竹扇一把。这把扇子的形状介于方圆之间，扇面绣有美丽的花纹，扇名为"九华"。

在序之后，曹植用华丽的文笔扬扬洒洒地介绍了九华扇的来历和制作方法，说此扇是不周山高峰的名竹制成，扇面共有花纹九重，再浸之以白芷杜若，拭之以江蓠香草，摇之以五香佳木，涤之于兰草芳池，致使香气宜人。曹植最后写道："因形致好，不常厥仪。方不应矩，圆不中规。随皓腕以徐转，发惠风之微寒。时气清以方厉，纷飘动兮绮纨。"

意思是说：（此扇）凭着奇妙的外形而成为精品，其精巧的形态世上罕见。它既不算方，也不算圆，与方规圆矩绘制的形状大有不同。扇子随着洁白的手腕徐徐摇动，带来一阵阵轻柔宜人的凉风；此时气温迅速变得清凉，身上的轻裾也随着凉风飘动。

九华扇随着《九华扇赋》的问世身价倍增。后来，曹操请书画俱佳的主簿杨修在扇上作一幅画。年轻的杨修在作画时，因心情紧张一不小心掉了一滴墨点在已经完成的画上。在众人均惋惜叹息之际，杨修灵机一动将墨点画成了一只苍蝇，完毕之后交与丞相。

曹操看画时，真以为画上有只苍蝇，急忙用手去拍赶，可一连出手几次，那只苍蝇却纹丝不动。曹操见后十分疑惑，俯身一看原来是一个墨点。顿时，惹得众人窃窃私笑。从此，"误点成蝇"的故事使九华扇的身份更加华贵。

昼眠夕寐

昼眠夕寐[1]，**蓝笋象床**[2]。

注释

[1] 昼眠夕寐（mèi）：昼眠，指午睡。夕，晚上。寐，睡觉。
[2] 蓝笋（sǔn）象床：蓝笋，用青竹制的席子。象床，用象牙装饰的床，床架用硬木雕花镂空，中间镶有象牙和贝壳等装饰品。

解读

白天睡个午觉，天黑了正式就寝，卧室内放置着象牙雕屏的床榻和青篾编成的竹席，休息好才能保证更好地劳作。

诗句

白天午休晚上睡，青竹凉席象牙床。

故事链接

孟尝君出访五国，首先到达楚国的郢都，楚王送给他一张象牙床。郢都有一个将领不愿意去护送象牙床，就去拜访孟尝君的门客公孙戍，说如果让他免掉这个差使，愿以先人宝剑为报。于是，公孙戍去拜见孟尝君。

公孙戍说："五国之所以都把相印交给您，是听说您的道义。五国的君主都把国事托付给您，是因为敬重您的道义。现在您一到楚国就接受了象牙床,到其他小国,他们又拿什么样的礼物馈赠于您呢?所以臣希望您万不可受人之礼。"孟尝君爽快地答应了。

公孙戍快步退了出去,走到中门,孟尝君又把他叫了回去,问他:"你怎么脚步抬得很高,显得意气飞扬,像是有什么令你高兴的事呢?"公孙戍见隐瞒不了,说:"我有三件大喜事,又可以得到一柄宝剑呵。"

公孙戍说:"您有上百名门客,都不敢劝谏,只有我敢做,这是第一件喜事;您听从了我的劝谏,这是第二喜;我劝谏您从而阻止了您犯过失,这是第三喜。楚国送象牙床,郢都有一个值班的将领不想去,让我阻止这件事,许诺事成之后给我宝剑。"

孟尝君听说了实情,没有恼怒,反而嘉许了他。

| 千字文

弦歌酒宴

弦歌酒宴,接杯举觞[1]。
矫手顿足[2],悦豫且康[3]。

注释

[1] 接杯举觞(shāng):觞,酒杯。接过酒杯举杯同饮。
[2] 矫(jiǎo)手顿足:矫,高举。矫手,高举双手。顿足,跺脚。
[3] 悦豫且康:豫,喜欢,快乐。康,安宁。

解读

弹着琴弦,跳着舞蹈,摆酒开宴;在这欢乐的日子里,人们接过酒杯,开怀畅饮,并情不自禁地手舞足蹈,真是又快乐又安康。

诗句

奏乐唱歌设酒宴,推杯换盏饮得欢。
手舞足蹈不自禁,快乐安康笑开颜。

故事链接

李白,号青莲居士,人称为酒星魂、酒圣、酒仙。杜甫在《饮中八仙歌》中写李白:

弦歌酒宴

> 李白斗酒诗百篇，长安市上酒家眠。
> 天子呼来不上船，自言臣是酒中仙。

大概没有别的哪个文人与酒的关系之密切和嗜酒的名气之大，能和李白相提并论了！只要翻翻李白的诗集，我们就不难发现他的生活中，几乎无处不有酒。正如郭沫若说的："李白真可以说是生于酒而死于酒。"

关于他的死，还有种种不同的传说，大概都与饮酒有关。其中最富于浪漫主义情调的，是说他喝醉后到采石矶的江中捉月亮落水而死。关于李白醉酒的故事，在我国文学和艺术作品中都得到相当充分的反映。

在我国著名画家的作品中，也有《李白脱靴图》《李白捉月图》和《太白醉酒图》等。陶塑、瓷塑、泥塑、木雕和牙雕中这样的题材也相当多。当然，人们尊崇李白，热爱李白，绝不是因为他好喝酒，而是尊敬他傲视权贵的反抗精神和爱慕他的诗才。

千字文

嫡后嗣续

嫡后嗣续[1]，祭祀烝尝[2]。
稽颡[3]再拜，悚惧恐惶[4]。

注释

[1] 嫡后嗣续：嫡，封建社会中的正妻。嗣续，继承世袭。
[2] 烝尝：古代祭祀用语，冬祭叫烝，秋祭叫尝。指四时祭祀。
[3] 稽颡（jī sǎng）：屈膝下拜，以额触地的一种跪拜礼。
[4] 悚（sǒng）惧恐惶：形容非常小心谨慎以至于害怕不安的样子。

解读

子孙继承了祖先的基业，一年四季的祭祀大礼不能疏忘。跪着磕头，拜了又拜；礼仪要周全恭敬，诚惶诚恐，怀有敬畏之心。

诗句

子孙继承祖基业，每年祭祀不能忘。

故事链接

自古以来，人类的很多祭祀活动中，都少不了羊，关于为什么选择羊，还有一个感人的故事。

传说盘古开辟了天地,用身躯造出日月星辰、山川草木。残留在天地间的浊气慢慢化作虫鱼鸟兽,给死寂的世界增添了生气。

一天,女娲在原野上行走,她总觉得有一种说不出的寂寞,后来她知道原来是世界缺少一种像她一样的生物。

想到这儿,她马上用手在池边挖了些泥土,和上水,照着自己的影子捏了起来,捏好后往地上一放,居然活了起来。接着,女娲又捏了许多,后来她就拿着柳枝条到河边随意甩出了很多小泥点,这些小泥点变成了无数个欢快的男女,从此这世上就有了无数的平民百姓。

为了与万物和谐相处,人就开始带领着万物不断地改造自然,消灭瘟疫与灾难,瘟神及主管灾难的神就非常不高兴了,他们就猛烈地到处传播瘟疫。人也束手无策,就去求女娲,女娲不得已找到了瘟神和灾难之神,请求他们别再为难世上万物生灵,瘟神和灾难之神最后也答应了,但提出一个要求,就是要人类选一灵物敬供给他们。

在女娲的主持下,人类召集百兽万物商讨,看选谁去敬供给瘟神和灾难之神,百兽万物均非常害怕,都不愿意去。在这个时候,一向温顺的羊站了出来,它说与其大家灭绝,不如牺牲自己一个。羊的行为也感动了瘟神和灾难之神,他们许诺,凡有羊出现的地方,他们永远不再涉足,后人为祈求平安、健康、幸福、财富,每有重大活动,都要选一灵羊来祭祀。

千字文

笺牒简要

笺牒^①简要，顾答审详。
骸^②垢想浴，执热愿凉。

注释

① 笺牒（jiān dié）：文书、书信。笺是信纸。牒是古代书写用的木片或竹简，小的叫牒，大的叫册，薄的叫牒，厚的叫牍。
② 骸垢想浴：骸，身体。身体脏了就想着要洗澡。

解读

给别人写信要简明扼要，回答别人问题要详细周全。身上有了污垢，就想洗澡，好比手上拿着烫的东西就希望有风把它吹凉。

诗句

写信简明又扼要，答题全面而周详。
身体脏了想洗澡，手拿热物愿吹凉。

故事链接

苏东坡任杭州知州的时候，与当地一个文人韩宗儒是好朋友，两人之间不断有书信往来。韩宗儒的老师姚麟一直很仰慕苏东坡的书法，曾几次托人向苏东坡求字,但都被拒绝了。

因为韩宗儒特别喜欢吃羊肉,姚麟就与它约定:只要韩宗儒能送来苏东坡的亲笔信,就赏他几斤羊肉。不久,这件事被苏东坡的另一位好友黄庭坚知道了,他便跑去取笑苏东坡说:"从前,只听说晋代书法家王羲之有过'书成换白鹅'的故事,如今,你的书信也居然能够换羊肉了。"苏东坡听罢,非常惊奇,于是,黄庭坚便把韩宗儒用苏东坡的书信换羊肉吃的事一五一十地讲了一遍。

过了些时日,苏东坡过生日。韩宗儒买了生日礼物,又附了一封贺信,派仆人送往苏轼家中。仆人临行前,韩宗儒还特意叮嘱仆人一定要带苏轼的书信回来。

韩宗儒这次没有能如愿,苏东坡接到礼物后,一点也没有写回信的意思。直到这位仆人要回去了,苏东坡说:"回去告诉你家主人,就说今天的羊肉不卖了。"

这位仆人回来后把苏东坡的话原原本本地告诉了韩宗儒。韩宗儒忍不住笑了,他知道自己用书信换羊肉的事已被苏东坡发觉了,便也打趣说:"看来以后的羊肉是吃不成了。"

驴骡犊特

驴骡犊特[1]，骇跃超骧[2]。
诛斩贼盗[3]，捕获叛亡。

注释

[1] 驴骡犊特：骡，骡子。犊，小牛。特，指公牛。
[2] 骇跃超骧：骧，马抬起头快跑。此句指牲畜受惊的状态。
[3] 诛斩贼盗：诛，杀死、铲除。铲除和消灭盗贼。

解读

家里有了灾祸，连牲畜都会受惊，狂蹦乱跳，东奔西跑。对抢劫、偷窃、反叛、逃亡的人要严厉惩罚，该抓的抓，该杀的杀。

诗句

家有灾祸驴骡惊，东奔西跑狂乱蹦。
对待小偷和强盗，该抓该杀不留情。

故事链接

骡子分为马骡和驴骡，由公驴和母马交配所生称为马骡，反过来则称为驴骡。马骡力大无比，是马和驴远远不可相及的；而驴骡则善于奔跑，

也是马和驴所无法比拟的。

驴骡像驴,马骡像马,说的当然不只是外表方面,内在品质上它们也是各有特色——驴骡的特点当然是结合了较多驴的优点和一部分马的优点。它耐力很强,力量较大,食量一般,可使用30年左右,脾气当然也不错,性情温顺而倔强。

相比之下马骡更多结合了较多马的优点,当然还会有一部分驴的优点。它的特点是食量较大,力量很大,耐力很强,性情急躁却很聪明,很能善解人意,不过只可惜仅仅能使用20年左右。山区的村民都喜欢使用驴骡,而相对地势较平坦或丘陵地带的农村,则喜欢使用马骡。

千字文

布射僚丸

布射僚丸[1]，嵇琴阮啸[2]。

注释

[1] 布射僚丸：布，吕布。吕布辕门射戟，为刘备、纪灵和解。僚丸，熊宜僚是楚国人，会一手抛球的绝活儿。

[2] 嵇（jī）琴阮啸：嵇，指嵇康。阮，指阮籍。他们都是西晋时的名士，嵇康善弹琴赋诗，阮籍喜欢吹口哨。

解读

东汉的吕布擅长射箭，春秋楚国的宜僚善用弹丸；西晋名士嵇康喜欢弹琴赋诗，竹林七贤之一的阮籍最爱撮口长啸。

诗句

吕布擅长射利箭，宜僚巧手弄弹丸。
嵇康善于弹琴弦，阮籍长啸口不凡。

故事链接

吕布，字奉先，擅长骑射，号称飞将，闻名于并州；并州刺史丁原用吕布为主簿。董卓入京后，吕布刺死丁原，率其众来投靠。董卓特别高兴，任吕布为骑都尉，随身侍候、保卫自己。

布射僚丸

然而董卓因小怨欲杀吕布，吕布愤怒，与司徒王允计划杀了董卓。董卓同党李傕等攻打长安，吕布不能抗拒，于是投奔袁绍。但吕布又恃其功劳，使袁绍担心，最后在张邈和陈宫的策划下争夺兖州。

后来袁术率军十万攻打刘备，刘备不能抵挡，形势危急，求救于吕布，吕布慨然同意。吕布召刘备以及袁术代表名将纪灵到帐下赴宴，一开始关羽、张飞同纪灵争斗不休，布怒，大喊："取吾画戟来！"

关羽、张飞和纪灵都大惊失色。吕布又说："众君且观布射戟，若一箭中画戟枝尖，诸公则罢兵言和。若射不中，你们各自回营备兵厮杀。"于是兵士将方天画戟竖于辕门一百五十步外，吕布张弓搭箭，弓弦响处，画戟应声而倒。关羽、张飞皆心服，纪灵瞠目结舌，无语而退。

这次可以说是完全凭借吕布出色的个人武力拯救了刘备。但后来刘备和曹操竟然联军攻打吕布。吕布不幸与陈宫、高顺被害于白门楼。

千字文

恬笔伦纸

恬笔伦纸[1],钧巧任钓[2]。
释纷利俗[3],并皆佳妙。

> 注释

[1] 恬(tián)笔伦纸:恬,指秦朝蒙恬,蒙恬发明了毛笔。伦,指汉朝蔡伦,蔡伦发明了纸张。
[2] 钧巧任钓:钧,马钧,三国时魏国的机械制造家。任,任公子,又称任父,古代传说中善于钓鱼的人。
[3] 释纷利俗:释,排解。利,方便。俗,俗世。释纷指吕布解除袁术、刘备两家的纠纷;利俗指蒙恬、马钧的发明方便了俗众。

> 解读

蒙恬造出毛笔,蔡伦发明造纸,马钧巧制水车,任公子垂钓大鱼。他们的技艺有的解人纠纷,有的方便群众,都高明巧妙,为人称道。

> 诗句

蒙恬制笔便于书,蔡伦造纸利千古;
马钧机械装水渠,任公做钩钓大鱼;
能工巧匠技艺高,有利万民人称道。

故事链接

蒙恬，姬姓，蒙氏，名恬。秦始皇时期的著名将领，被誉为"中华第一勇士"。汉族，祖籍齐国，山东人。

公元前223年，秦国大将蒙恬带兵在外作战，他要定期写战报呈送秦王。当时，人们用竹签写字，很不方便，蘸了墨没写几下又要蘸。一天，蒙恬打猎时看见一只兔子的尾巴在地上拖出了血迹，心中不由来了灵感。他立刻剪下一些兔尾毛，插在竹管上，试着用它来写字。可是兔毛油光光的，不吸墨。蒙恬又试了几次，效果还是不好，于是随手把那支"兔毛笔"扔进了门前的石坑里。

过了些天，他无意中看见了那支被自己扔掉的毛笔。捡起来后，他发现湿漉漉的兔毛变得更白了。他将兔毛笔往墨盘里一蘸，兔尾竟变得非常"听话"，写起字来非常流畅。

原来，石坑里的水含有石灰质。经过碱性水的浸泡，兔毛的油脂去掉了，变得柔顺起来，自此蒙恬就用这种毛笔书写公文。

事实上，出土的文物已经证明，毛笔远在蒙恬造笔之前很久就有了。但蒙恬作为毛笔制作工艺的改良者，其功亦不可没。

据说，蒙恬是在出产最好兔毫的赵国中山地区，取其上好的秋兔之毫制笔的。湖北云梦秦墓中出土的三支竹杆毛笔，用竹制笔管，在笔管前端凿孔，将笔头插在孔中，另做一支与笔管等长的竹管做笔套，将毛笔置于笔套之中，再用胶粘牢。

千字文

毛施淑姿

毛施①淑姿，工颦妍笑②。

注释

① 毛施淑姿：毛，毛嫱。施，西施。毛嫱、西施都是古代美女。
② 工颦（pín）妍笑：工，善于。颦，皱眉。妍，美丽。

解读

毛嫱和西施年轻美貌，哪怕皱着眉头，也像美美的微笑。毛嫱是春秋时越国的美女，相传为越王勾践的爱姬。西施姓施，与毛嫱是同时代人，父亲是个打柴的樵夫，因家住施家村的西头，其女故名西施。

诗句

毛嫱西施美容貌，笑脸俊来愁也俏。
多有文人诗书赞，用尽字句终难描。

故事链接

西施，又称西子，春秋末期越国人，家里世代居住在浙江诸暨苎萝山下苎萝村，即今诸暨市城南浣纱村。她家住在村西，人们便叫她西施。西施从小聪明伶俐，长得如花似玉，到十三四岁，美名就传遍了诸暨四乡。

她的父亲以卖柴为生，母亲以浣纱，就是洗衣服为生。西施小时常常帮助母亲浣纱于溪，所以又称浣纱女。西施天生丽质，禀赋绝伦，相传连皱眉抚胸的病态，也为邻女所模仿。

公元前494年，吴越交战，越败于吴，越王勾践被迫屈膝求和，携妻将臣入吴为质三年。勾践归国后，发誓洗刷这奇耻大辱，大夫范蠡改装往诸暨访贤。行至苎萝村，遇到西施。

范蠡与之交谈，因西施有忧国之意，遂与她共定美人计，一同入吴。西施入吴后，夫差被她迷得神魂颠倒，此后，夫差春秋宿姑苏台，冬夏宿馆娃宫，整天与西施玩花赏月，鸣琴赋诗。

他有时还与西施泛舟采莲，或乘画舫出游，或骑马打猎，总之沉醉于美色，不能自拔。而越国却上下一心，励精图治，20年后终于打败了吴国。吴亡后，西施随大夫范蠡驾扁舟，泛五湖，不知所终。

千字文

年矢每催

年矢®每催，曦晖朗曜®。

注释

❶ 年矢（shǐ）每催：矢，矢是漏矢，古代的计时工具用孔壶滴漏。此句的意思是岁月流逝，每每地催人向老。

❷ 曦（xī）晖朗曜（yào）：曦，日光。晖，月光。曜，照耀。指日光和月光轮流照耀着大地。

解读

那漏壶上计岁时的指针，像箭一般频频催促着人们，白昼的阳光，黑夜的月亮，轮番更迭，明朗地照耀着大地。

诗句

青春易逝时光流，岁月匆匆催人老；
太阳东升又西落，光辉恒长永普照。

故事链接

王羲之小的时候，练字十分刻苦。据说他练字用坏的毛笔，堆在一起成了一座小山，人们叫作"笔山"。

他家的旁边有一个小水池，他常在这水池里洗毛笔和砚台，后来小水池的水都变黑了,人们就把这个小水池叫作"墨池"。

长大以后,王羲之的字写得相当好了,还是坚持每天练字。有一天,他聚精会神地在书房练字,连吃饭都忘了。丫环送来了他最爱吃的蒜泥和馍馍,催着他吃,他好像没有听见一样还是埋头写字。

丫环没有办法,只好去告诉他的夫人。夫人和丫环来到书房的时候,看见王羲之正拿着一个沾满墨汁的馍馍往嘴里送,弄得满嘴乌黑。她们忍不住笑出了声。原来,王羲之边吃边练字,眼睛还看着字的时候,错把墨汁当成蒜泥蘸了。夫人心疼地对王羲之说:"你要保重身体呀!你的字写得很好了,为什么还要这样苦练呢?"

王羲之抬起头,回答说:"我的字虽然写得不错,可那都是学习前人的写法。我要有自己的写法,自成一体,那就非下苦功夫不可。"

经过一段时间的艰苦摸索,王羲之终于写出了一种新字体。大家都称赞他写的字像彩云那样轻松自如,像飞龙那样雄健有力,他也被公认为我国历史上杰出的书法家之一。

千字文

璇玑悬斡

璇玑悬斡[1]**，晦魄环照**[2]**。**

注释

[1] 璇玑（jī）悬斡（wò）：璇玑，古代称北斗星的第一星至第四星。斡，旋转。北斗星高悬在天空不停地旋转。

[2] 晦（huì）魄环照：晦，农历每月的最后一天。魄，农历每个月的第一天，这一天完全看不见月亮。环照，指月亮变圆。

解读

高悬的北斗七星不断地转动着斗柄，预示着季节的变换；清澈的月光从缺到圆，逐渐照亮人间的每个角落。

诗句

北斗随着四季转，夜月升降如环照。

故事链接

北斗星之所以著名，不仅因为它是北极附近最明亮的星座，更重要的是它是上古定季节的三大辰之一，所以北斗又称为北辰。

相传夏代的《夏小正》记载：正月，斗柄悬在下，六月，初昏，斗柄正在上。由此可知早在夏代时就用北斗星的指向确定正月和六月。相传作于战国时代的《鹖冠子·环流》记载："斗柄东指，天下皆春；斗柄南指，天下皆夏；斗柄西指，天下皆秋；斗柄北指，天下皆冬。"可见战国时，人们就已经利用北斗星指向东南西北的方位，来确定春夏秋冬了。

西汉初年的《淮南子·天文训》记载："帝张四维，运之以斗，月徙一辰，复反其所。正月指寅，十二月指丑，一岁而匝，终而复始。"可见西汉初年已经将北斗定季节的方法，发展到以斗柄指向寅卯等十二方位，确定正月、二月等12个月了。

西汉中期的《史记·天官书》则记载："斗为帝车，运于中央，临制四乡。分阴阳，建四时，均五行，移节度，定诸纪，皆系于斗。"说天帝坐在由北斗组成的马车上巡行四方，行一周就是一年，并由此区分出一年中的阴阳两个半年，分判出四季和五个时节，节气和太阳的行度也由此可以确定。

由此可知，人们观测北斗星的方位，对于确定农时历法有着十分重要的意义。这便是为什么古人那么重视北斗星的原因了。

千字文

指薪修祜

指薪修祜[1]，**永绥吉劭**[2]。

注释

[1] 指薪修祜（hù）：指通"脂"。油脂燃烧的时间，比柴草要长得多。祜，福。比喻人只要积德修福，名声会千古流传。

[2] 永绥（suí）吉劭（shào）：绥，平安、安抚。劭，劝勉，美好，多指道德品质。

解读

人的生命像柴薪一样，都有燃烧完结的时候，但如果行善积德就能像薪尽火传那样精神长存；子孙的安康需要人们留下吉祥的忠告。

诗句

一生行善多积德，精神永存薪火烧。
高尚品德忠言告，子孙安康有依靠。

故事链接

明朝的时候，朱元璋的儿子朱棣打败了继承皇位的侄子，做了皇帝。他刚刚推翻建文帝进入南京时，缴获了好几千份大臣的奏章。朱棣下令要是建文帝朝廷曾经的大臣仔细翻阅这批奏章，凡是只涉及自己的，全部烧毁，不必送给他看。

过了一段时间，朱棣与这些大臣闲谈，顺嘴问了一句："被烧毁的奏章里，恐怕也有你们写的吧？"几位大臣乍一听这问话，一时不知怎样对答。一位叫李贯的大臣抢先说："尊敬的陛下，在被烧毁的奏章中，没有我的。"

朱棣看了李贯一眼，并没露出丝毫的赞赏，而是说："你吃着建文帝给你的俸粮，在他危难之际，却不帮他想办法，这说得过去吗？因此，我对忠于建文帝的大臣并不反感。你们中间有人过去忠于建文帝，替他排忧解难，那是应该的，现在我作为皇帝，你们就应该忠实于我。不必为过去忠于建文帝感到不安，更不必在这事上说假话。"

群臣听了，都觉得他是个明理大度的皇帝。

| 千字文

矩步引领

矩步引领^①，俯仰廊庙^②。
束带矜庄^③，徘徊瞻眺^④。

注释

❶ 矩步引领：矩步，指方步。引领，指伸直脖子。古代官员"行必矩步，坐必端膝"，表现了行身处世的严肃认真态度。

❷ 俯仰廊庙：俯，低头。仰，抬头。廊庙，指朝廷。意思是一俯一仰、一举一动都像上朝一样合乎礼仪。

❸ 束带矜（jīn）庄：束带，腰间系着宽带子。矜，自夸、自恃。朝中的大臣上朝时腰间系着宽带子，保持矜持、庄重的神态。

❹ 徘徊瞻（zhān）眺（tiào）：徘徊，往返留连。瞻眺，远望。

解读

走路稳重，仪表端庄，要像上朝那样庄严肃穆。如此无愧人生，尽可以整束衣冠，庄重从容地高瞻远望。

诗句

心地坦荡头高昂，如同上朝礼仪庄；
无愧人生衣冠整，高瞻远瞩我自强。

矩步引领

故事链接

东汉时,有位贤士叫朱晖,河南南阳人。他幼年时就失去了父母,舅父收养了他。朱晖在太学读书时,以人品高尚,团结友爱,受到同学们的敬重。朱晖有个同学叫张堪,在一起读书时很敬重朱晖的人品。后来,张堪突然得了不治之症,自知不能治愈。

一天,张堪见到朱晖,便握着朱晖的手,很伤感地说:"我得了绝症,恐难久于人世,我死之后,希望你能帮助照顾我的妻子儿女。"

朱晖安慰他,要他好好养病。但没有明确表示答应。不久,张堪去世,朱晖为他料理丧事,并亲自去他家看望,见他家生活贫困,便每年派人给他妻子送去谷50斛,布5匹。朱晖的儿子朱颉对他父亲的行为不大理解,朱晖说:"张堪生前把我当做知己,托我照顾他家,我就应该像知己一样照顾他的家人。"

| 千字文

孤陋寡闻

孤陋寡闻[1]，愚蒙等诮[2]。
谓语助者，焉哉乎也[3]。

注释

[1] 孤陋（lòu）寡闻：孤陋，学识浅薄。寡闻，指见识少。形容学识浅陋，见闻不广或对世事了解的不多。

[2] 愚蒙等诮（qiào）：愚蒙，即愚昧无知。诮，讥讽、嘲讽。

[3] 谓语助者，焉（yān）哉乎也：句子语意已完，而语气不足时，往往助词来衬托，"焉哉乎也"就是几个常用的语气助词。

解读

对这些道理孤陋寡闻就不会明白，只能和愚昧无知的人一样空活一世，让人耻笑。编完《千字文》以后，乌发皆白，最后剩下"焉、哉、乎、也"这几个语气助词。

诗句

鄙人深知学识浅，见闻不广难美言；
愚昧无知心愧惭，圣上责备难求全；
若知我有何学问，不过也哉之乎焉。

故事链接

在张溥小的时候，他就知道刻苦自励，勤奋好学。每次他读书的时候，一定要先亲手抄写，抄完一遍他就朗诵一遍，然后把抄好的内容放到火上烧掉，然后再抄一遍，再诵读一遍，再把抄写好的内容烧掉。像这样，每本书他都要抄写六七遍，直到完全记下来才算结束。

天长日久，张溥右手握毛笔写字的地方，手指手掌都磨出了厚厚的茧子。到了冬天，天寒地冻，他的手被冻得裂了口，疼痛难忍，每天要用热水洗好几次，但他仍然坚持不懈。他还因此把自己的书斋命名为"七录斋"。

后来因为葬亲，张溥向朝廷请假回到家乡。在这期间，他坚持把读书当作生活的一项重要内容，无论是寒冷的冬天还是酷暑炎夏，他都从不间断。

张溥勤奋读书，不但获得了丰富的知识，而且他善于思考，才思敏捷。因此，他不仅文章写得好，而且写得很快。凡是四方有人请他写文章，他都不用打草稿，当着客人的面，拿起笔就写，不一会儿工夫，就写好了，因此他名噪一时。

正是由于张溥读书七录七焚，刻苦用功，博览群书，所以，他后来终于成为一个大学问家。

张溥在短暂的一生中，将全部的心血与才智都贡献给了我国古代的学术研究，著述3000多卷，涉及文、史、经学各个学科；他还精通诗词，尤其擅长散文、时论的写作，可以说，张溥是明代文坛上的一位巨匠。

读后感

　　经常听人说"三百千千"如何如何，因为不知道说的是什么意思，我觉得很奇怪。自从读了《千字文》后，才知道"三百千千"是指几部最有名的蒙学读物的书名啊！"三"指的是《三字经》，"百"就是《百家姓》，两个"千千"，一个是《千字文》，一个是《千家诗》。

　　《千字文》是用1000个不重复的字写成的，有历史故事、成语典故等，内容非常丰富。书中每一个故事，每一句话，都让我学到了很多知识，都给了我很大的启发。

　　《千字文》中提到了战国末期赵国名将廉颇，使我想到了他负荆请罪的故事。这个故事讲述了廉颇因为自己战绩卓越，就看不起宰相蔺相如，而大度的蔺相如为了国家安危，非常尊重廉颇，处处让着他。廉颇得知实情后非常后悔，自负荆条，上门请罪。从此两人和睦相处，共同为赵国做出贡献。这个故事告诉我们，有错要及时改正，才能获得他人的原谅。

　　《千字文》中"寸阴是竞"这句话使我懂得了即使是片刻时光也要珍惜的道理，让我想到了晋代名将陶侃惜时的故事。陶侃从小就刻苦读书，从进入仕途后，50年间历任多种要职。但是，他无论政务多么繁忙，战事如何频繁，他都要利用一点一滴的时间读书习武。因此，他取得了卓越的政绩和军功。

　　我从中受到了很大启发，时间对每个人都是一样的，关键是看我们如何使用它，我们一定要抓紧时间，珍惜分分秒秒，把精力都用在学习上，争取成为祖国的有用人才。

我有一个好朋友叫小杰，我们曾经一起上学，一起打球，一起玩，关系非常好。可是有一次，在篮球场上我和他为了一点小事情而闹得很不开心。从此以后，我们就相互疏远了。我曾想和他重归于好，但是一直苦于放不下面子。

读了"交友投分，切磨箴规"，我明白了交朋友要意气相投，要能共同研讨学问、互相切磋劝诫、共同进步的道理。于是，我决定主动去处理好朋友关系。

有一天，我看见小杰在打球，便走了过去，主动和他打招呼。他望了我一眼，没有理睬我，只顾打球。当时多么希望我俩之间的不愉快没有发生过，还是和原来一样与我有说有笑地一起玩，可是他始终没有吱声。

正当我满怀失望准备离开时，突然听见"哎呀"一声，我看见小杰一脸痛苦地倒在了地上。看得出来，是他的脚踝扭伤了。我飞快地跑了过去，急忙把他扶了起来。看他伤得不是很重，便把他扶回了家里。

小杰妈妈感激地对我说："谢谢你！"我说："不用客气，我们是好朋友，应该的！"

小杰听了我的话，真诚地说："谢谢你，我以后也不会再跟你吵架了，我们做真正的好朋友吧！"他说话的时候，也是一副既愧疚又如释重负的表情。当时，我的心里感到热乎乎的。从此，在篮球场上，又能时常看到我们欢乐的身影了。

在我小时候，不懂得孝顺父母。当有我喜欢吃的东西，经常不肯给父母一起分享，而是占为己有；当父母下班回来时，听到门铃响后，我总是慢悠悠地去开门。当父母进门后，我还继续玩玩具，好像没看到他们一样，也不打招呼；当大家一起吃饭时，我将好吃的菜放在自己面前，自顾自地吃；当父母生病时，我只顾自己玩，不对父母嘘寒问暖，有时还会因为父母生病没精力管我而暗自高兴呢！

　　自从读了《千字文》"外受傅训，入奉母仪"这句话后，我懂得了孝顺父母、尊重父母和理解父母的道理。只要有好吃的东西，我就会留给父母吃，与他们一起分享；当父母下班回来时，我一听到门铃响起，就会跑过去开门。当父母进门后，我会亲切地问好，并端上一杯水；当一起吃饭时，我会帮父母盛饭，将好吃的菜放在爸妈碗里；当父母生病时，我会关心他们，帮着端水拿药，讲笑话给们听，让他们忘记生病的痛苦……

　　《千字文》使我懂得了百善孝为先，做人应当知恩图报，教会了我如何孝敬父母；使我懂得了在生活中，人人需要彼此关爱，这样才能使人与人之间多一些宽容与理解，才能让生活变得更幸福；还使我懂得了要珍惜时间，要做时间的主人，不要为过去的失败而懊悔，过去的将不会再有，要争分夺秒，用现在的行动证明一切……

知识互动大会

一、选择题

1. 《千字文》的作者周兴嗣是哪个朝代人？（B）

    A．唐代　　　　B．南朝·梁

    C．五代·后周　D．北宋

2. 南朝共出现了梁等几个政权？（C）

    A．7个　　　B．3个　　　C．4个　　　D．5个

3. 古代科举考试殿试第三名称为？（C）

    A．状元　　　B．榜眼　　　C．探花

4. 属于"文房四宝"的是？（C）

    A．书案　　　B．笔洗　　　C．宣纸　　　D．《四书》

5. 《千字文》"史鱼秉直"中的史鱼是什么时代人？（A）

    A．春秋　　　B．战国　　　C．秦汉　　　D．五代

6. "辰宿列张"的上句是？（D）

    A．寒来署往　B．云腾致雨　C．海咸河淡　D．日月盈昃

7. 《易经》中说："积善之家，必有余庆；积不善之家，必有余殃。"在《千字文》里，也用了一句话告诫我们。这句话是？（C）

    A．释纷利俗，并皆佳妙

    B．嫡后嗣续，祭祀烝尝

    C．祸因恶积，福缘善庆

D. 亲戚故旧，老少异粮

8. 重视事情的开端当然很好，但能够一直到事情的结束都小心谨慎，那就更难能可贵了，即善始善终。这个意思在《千字文》中的表达是？（D）

　　A. 景行维贤，克念作圣

　　B. 德建名立，形端表正

　　C. 尺璧非宝，寸阴是竞

　　D. 笃初诚美，慎终宜令

9. "天地玄黄"中表示了几种颜色？（C）

　　A. 1　　　　B. 3　　　　C. 2　　　　D. 无

10. 原始社会几位部落首领间被后人称诵的传位故事是？（B）

　　A. 坐朝问道，垂拱平章

　　B. 推位让国，有虞陶唐

　　C. 龙师火帝，鸟官人皇

　　D. 吊民伐罪，周发殷汤

11. 古时候没有文字，轩辕黄帝命令谁创造了文字？（A）

　　A. 仓颉　　　B. 许由　　　C. 伯夷　　　D. 老聃

12. 是谁教人们养蚕织布，制作了衣裳，人们才穿上了衣服？（D）

　　A. 女娲　　　B. 湘妃　　　C. 妈祖　　　D. 嫘祖

13. "盖此身发，四大五常"中的"四大"是指人的身体发肤由四种物质组成，"五常"是指？（A）。

　　A. 仁义礼智信　　B. 东南西北中

　　C. 风木水火土　　D. 甲乙丙丁戊

14. "盖此身发"中"盖"的意思是？（D）

    A. 所有　　　　B. 这些　　　　C. 全部　　　　D. 虚词

15. "布射僚丸"是描写谁辕门射戟救了刘备？（C）

    A. 张辽　　　　B. 黄盖　　　　C. 吕布　　　　D. 马超

16. "遐迩一体"中"遐迩"的意思是？（D）

    A. 上下　　　　B. 左右　　　　C. 高低　　　　D. 远近

17. "三余"是指三种可以用来学习的什么？（C）

    A. 书院　　　　B. 书籍　　　　C. 时间　　　　D. 环境

18. "恬笔伦纸"中的"伦"是指？（B）

    A. 王伦　　　　B. 蔡伦　　　　C. 卢伦　　　　D. 汪伦

19. "说感武丁"中的"武丁"是哪个朝代的君主？（D）

    A. 周朝　　　　B. 夏朝　　　　C. 秦朝　　　　D. 商朝

20. "都邑华夏,东西二京"中的"西京"是指？（A）

    A. 西安　　　　B. 咸阳　　　　C. 成都　　　　D. 大同

21. "金生丽水,玉出昆冈"中的"丽水"又称为？（D）

    A. 澜沧江　　　B. 嘉陵江　　　C. 松花江　　　D. 金沙江

22. "天地玄黄"中的"玄"指的是哪种颜色？（C）

    A. 黄　　　　　B. 红　　　　　C. 黑　　　　　D. 青

23. "孔怀兄弟"中的"孔怀"是代指？（D）

    A. 哥哥　　　　B. 朋友　　　　C. 弟弟　　　　D. 兄弟

24. "耽读玩市"典故中的王充是哪个朝代人？（C）

    A. 战国　　　　B. 秦代　　　　C. 汉代　　　　D. 唐代

25. "金生丽水，玉出昆冈。"黄金产自（B），美玉出在（D）。

　　A．黄河　　　　B．金沙江　　　C．黑龙江

　　D．昆仑山　　　E．井冈山

26. "龙师火帝，鸟官人皇。"龙师是（B），火帝是（A），鸟官是（D）。

　　A．神农氏　　　B．伏羲氏　　　C．大昊

　　D．少昊　　　　E．帝喾

27. "周发殷汤"说的事情是（B）发兵讨伐（E）。

　　A．商汤王　　　B．周武王　　　C．周文王

　　D．夏桀　　　　E．商纣王

28. "推位让国，有虞陶唐。"讲的是太古时代统治权实行禅让制，让贤能的人治理国家。有虞指的是舜，陶唐指的是尧，传位顺序是（A）。

　　A．尧-舜-禹　　B．舜-尧-禹　　C．禹-尧-舜　　D．舜-禹-尧

二、问答题

1. 布衣、黎民、庶民都是对平民百姓的称谓。（√）

2. 北极星不是北斗星，由于岁差的原因，北极星也在变更。（×）

3. "笃初诚美"是劝人们做事要开头好。（√）

4. "博士"一词在古代为官名，现在也是。（×）

5. 农历九月初九是重阳节。（√）

6. "爱育黎首，臣伏戎羌。"中的"黎首"指的是官员。（×）

7. 《千字文》是由南朝梁武帝下令编写的，距今已1400多年了。（√）

8. 《千字文》这篇文章是由一千个不同的汉字编排而成的。（√）

9. "天地玄黄，宇宙洪荒。"从空间上，上下四方叫作宇；从时间上，古往

今来叫作宙。（√）

10. "如临深渊，如履薄冰"出自于《论语》。（×）
11. "天地玄黄"中的"玄"指的是黑色。（√）
12. "墨悲丝染，诗资羔羊。"中的"墨"指的是墨汁。（×）
18. "甘棠遗爱"的典故发生在周朝。（√）
19. 四岁就懂得谦让，为别人考虑的孩子是曹植。（×）
20. 年画不是过年时张贴的画。（×）
21. 被鲁迅先生称为"史家之绝唱，无韵之《离骚》的是《史记》。（√）
22. 被称为"五岳"之首的是泰山。（√）
23. "玉出昆冈"中的"昆"指衡山。（×）
24. "白驹食场"中的"白驹"是指小白马。（√）
25. "焉哉乎也"是《千字文》中的最后一句。（√）